Renate Riemeck
verstoßen – verfemt – verbrannt

Renate Riemeck

verstoßen – verfemt – verbrannt

Zwölf Ketzerschicksale aus acht Jahrhunderten

Urachhaus

CIP-Kurztitelaufnahme der Deutschen Bibliothek

Riemeck, Renate:
verstoßen – verfemt – verbrannt:
12 Ketzerschicksale aus 8 Jh. / Renate Riemeck. –
Stuttgart: Urachhaus, 1986
ISBN 3-87838-479-3

ISBN 3 87838 479 3

Umschlaggestaltung Bruno Schachtner, Dachau
Satz und Druck der Offizin Chr. Scheufele, Stuttgart

Inhaltsverzeichnis

Vorwort

Nicht um eine Geschichte des Ketzertums geht es in den nachfolgenden Betrachtungen, sondern um eine Reihe von Ketzerschicksalen, die sich im Verlauf von acht Jahrhunderten in einem ganz bestimmten geistig-physischen Raum abgespielt haben: in Mitteleuropa mitsamt seinen Nachbargebieten Frankreich, Italien, Böhmen und Mähren. Im 19. Jahrhundert hätten
die Historiker von »dem Reich« gesprochen, an dessen Spitze
der vom Papst zum Kaiser gekrönte deutsche König stand, »re-
gnum« und »sacerdotium« im Zusammen- und Gegenspiel ge-
schichtlicher Entwicklungen verkörpernd. Von »dem Reich«
mögen wir gar nicht mehr reden und schreiben. Zu stark ist
dieser einstmals halb sakrale, großartig verschwebende Begriff
zwischen 1933 und 1945 entehrt und verdorben worden. Deshalb sprechen wir heute lieber von »Mitteleuropa« und meinen
damit jenen geographischen Bereich, der vom alten Österreich
bis zur Ost- und Nordsee reichte, nicht Machtpolitik und
»schimmernde Wehr«, sondern Kultur, Religiosität und geisti-
ges Ringen umfaßte.

An die Ketzer, die in diesem Raum gelebt und gewirkt haben, soll in diesem Buch erinnert werden. Die »Ketzer«, diese
eigenwilligen, unbeugsamen, selbständigen religiösen Denker,
werden hier in einer begrenzten Auswahl vorgestellt, und wie
bei jeder Auswahl – sei es eine Anthologie, ein kunsthistori-
scher Sammelband, eine philosophische Textzusammenstel-
lung – handelt es sich um eine Art persönlicher Affinität zu
bestimmten Ketzerpersönlichkeiten und häretischen Strömungen. Das soll von vornherein und in aller Freimütigkeit bekannt werden.

Was ist es, das einen Menschen des 20. Jahrhunderts so eng mit den Ketzern der Vergangenheit in Verbindung treten läßt? Walter Nigg meint: »Durch ihr mutiges und oft heldenhaftes Eintreten für die andere Auffassung des Christentums sind die Ketzer zu den großen Wegbereitern neuer Ideen zu zählen. Nicht alle Häretiker dürfen zwar als Pioniere des Neuen bezeichnet werden. Es gab unter ihnen auch Vertreter, welche das Recht der Überlieferung verkörperten und sich für das konservative Element gegen eine modische Zeitströmung wehrten. Aber zahlreiche Ketzer waren Vorläufer des Kommenden. Viele dieser Menschen, welche in der Öffentlichkeit als teuflische Scheusale verleumdet und als verstockte Sünder verlästert wurden, sind in Wahrheit jene Gestalten, welche das christliche Geistesleben immer wieder vorwärts getrieben haben und dasselbe davor bewahrten, daß es zu einem Petrifakt versteinerte. Mit ihrem dynamischen Auftrieb sind sie ihrer Zeit manchmal weit vorausgeeilt, sind in neue, im ersten Augenblick erschreckende Sphären vorgestoßen und haben völlig unbekannte religiöse Werte entdeckt.«

Das »Buch der Ketzer«, aus dem diese Sätze stammen, erschien erstmals 1949 in Zürich, wenige Jahre nach dem Ende des Zweiten Weltkriegs. Seither kann sich niemand der Lektüre dieses Buches entziehen, der sich mit der Geschichte der Ketzereien befassen möchte. Auch wenn man Niggs Deutungsversuchen der von ihm behandelten Ketzerpersönlichkeiten nicht immer zu folgen vermag, so ist und bleibt es doch ein anregendes und wichtiges Werk, auf das ausdrücklich verwiesen sein soll.

Nigg war der erste, der sich nach mehr als zwei Jahrhunderten wieder mit einem breit angelegten Ketzerbuch an die Öffentlichkeit gewagt hat und das Problem der Häresie nicht eng auf den Fachbereich theologischer Erörterungen beschränkte. Sein großer, fast schon vergessener Vorläufer ist Gottfried Arnold (1666–1714) gewesen, dessen »Unpartheyische Kirchen- und Ketzer-Historie« unverkennbar durch viele Kapitel des Niggschen Buches hindurchscheint. Und so muß jeder, der sich heute ernsthaft mit Ketzerschicksalen beschäftigen möchte, nicht nur Walter Nigg zu Rate ziehen, sondern vor allen Dingen und in erster Linie dem guten alten Gottfried Arnold danken.

Arnolds umfangreiches Werk enthält im übrigen eine große Anzahl verlorengegangener Quellentexte und die Erwähnung alter, nicht mehr vorhandener Titel, die für den Historiker von besonderem Wert sind. Man kann dem interessierten Leser leider nur empfehlen, in alten Universitätsbibliotheken in den Originalausgaben von 1699/1700 (Frankfurt/M.) oder 1740 (Schaffhausen) nachzuschlagen oder nachzulesen; denn die stark gekürzte und sprachlich modernisierte Neuausgabe (Leipzig 1975) kann verständlicherweise kaum befriedigen.

Nicht nach der Vorgabe Gottfried Arnolds, wohl aber seinem Geist verwandt, hat der ehemalige katholische Theologieprofessor Eduard Winter 1979 eine bemerkenswerte geistesgeschichtliche Untersuchung vorgelegt: »Ketzerschicksale« (Berlin/DDR), auf die hier nachdrücklich hingewiesen werden soll. Winter, in der alten k.u.k.-Donaumonarchie geboren und aufgewachsen, ist Lehrstuhlinhaber an der Prager Universität gewesen, hatte sich aber aus den engen Fesseln der Konfessionalität gelöst, wurde Professor für osteuropäische Geschichte und Mitglied der Académie internationale d'histoire des sciences in Paris, zuletzt ist er als Professor für osteuropäische Geschichte an der Berliner Humboldt-Universität tätig gewesen. In seiner Arbeit über »Ketzerschicksale« beginnt er mit Joachim von Fiore und endet mit Franz Brentano und dessen Schüler Hermann Schell, über den ja auch schon Friedrich Rittelmeyer in seiner Biographie »Aus meinem Leben«, Stuttgart ²1986, S.161f., ergreifende Worte fand.

Die »Ketzergalerie« Eduard Winters ist höchst ungewöhnlich, findet sich in ihr doch Nikolaus von Kues neben Kepler, Pascal, dem »Prinzen Eugen«, Zar Peter d.Gr., Leibniz und Friedrich Schlegel – also samt und sonders historische Gestalten, die mit der Inquisition nicht in Berührung kamen. »Ketzer« sein, hieß somit nicht zu allen Zeiten das gleiche, und nicht immer mußte der Verketzerte unter den Galgen treten oder den Scheiterhaufen besteigen. Winter wendet sich deshalb auch vornehmlich den »verdeckten Ketzern« zu, denen er »ein Denkmal setzen« wollte. Nur solche Gestalten wie Konrad Waldhauser und Militsch von Kremsier – von Walter Nigg gar nicht beachtet – hat Winter in sein Buch aufgenommen, vielleicht weil sie wie auch Jan Hus in seiner tschechischen Heimat verwurzelt waren und ganz nahe vor dem Ketzertod gestanden haben. So ist Eduard Winter ein neuer Ketzerbegriff zu danken, den weder Nigg noch Gottfried Arnold gekannt haben: das heimliche, »verdeckte« Ketzertum, das zwar hinter dem »offenen« zurücktritt, aber dennoch »Denkströme« in Bewegung setzen konnte, die immer wieder die institutionalisierte Kirche erbeben ließen. Es wäre wünschenswert, daß einmal eine Geschichte der heimlichen, verkappten Ketzer geschrieben werden könnte. Vorerst wollen wir uns damit begnügen, wie schon Gottfried Arnold es getan hat, einer Reihe von »offenen« Ketzern Gerechtigkeit widerfahren zu lassen. Dabei soll freilich auch nicht vergessen werden, daß man immer auf solide Kirchengeschichtsschreibung angewiesen ist, auch wenn diese mit den Ketzern nicht übermäßig verständnisvoll verfährt. Daß hierbei das unentbehrliche »Kompendium der Kirchengeschichte« von Karl Heussi dankend erwähnt werden muß, ist eine Selbstverständlichkeit, der die Autorin um so lieber nachkommt, als sie den »alten Heussi« als blitzjunge Studentin gerade noch erleben durfte. Wir nannten den dürren, hochgewachsenen, stets schwarz gekleideten Professor ebenso spöttisch wie respektvoll »den Zeigefinger Gottes«. Die erste Auflage seines Werkes erschien 1908, die elfte 1965. Sein Lehrbuch ist noch immer nicht überholt; denn es ist geschrieben, wie man nach seiner Auffassung »eigentlich Kirchengeschichte schreiben muß, nämlich streng realistisch und undogmatisch«.

März 1986   *Renate Riemeck*

In memoriam Gottfried Arnold
oder eine Einleitung

Über die Ketzer haben schon viele nachgedacht, sie in Büchern dargestellt, Essays und Aufsätze über sie verfaßt. Manchen waren und sind die Ketzer noch immer ein Ärgernis. Wer aber mit ihnen sympathisieren kann und sich mit ihnen einläßt, der ist fast immer durch sein eigenes Schicksal zu ihnen geführt worden. Man fühlt sich ihnen verbunden, wenn man selbst erfahren mußte, was es heißt, verstoßen und verfemt zu sein. Dann wird man auf die Ketzerschicksale der Vergangenheit aufmerksam und fühlt sich durch sie im eigenen Dasein bestärkt und auch getröstet. So ist es auch Gottfried Arnold ergangen. Er war der erste, der es an der Wende vom 17. zum 18. Jahrhundert gewagt hat, das herkömmliche Schema der Kirchengeschichtsschreibung zu durchbrechen und sie »unpartheyisch« um die Geschichte der Ketzer zu bereichern. Weil er das getan hat, wurde er von hochehrbaren Konsistorialräten und seinen Kollegen der Universität selbst verketzert. Er mußte fliehen und um sein Leben bangen.

Ihm soll dieses Buch gewidmet sein in Dankbarkeit und Bewunderung für seine einzigartige Leistung.

Die Ursache für die Entstehung von »verstoßen – verfemt – verbrannt« liegt in Kindheits- und Jugenderfahrungen, die in Deutschlands finsterster Zeit, in und vor dem Zweiten Weltkrieg, gewonnen wurden. Verfolgte Juden, Emigranten, verhaftete Freunde überschatteten die eigene Existenz. Das gab auch den Anstoß für eine erste wissenschaftliche Arbeit, eine Dissertation auf dem Gebiet spätmittelalterlicher Ketzerbewegungen, und die Ketzer blieben Thema ein Leben lang.

Die ersten Historiker, die sich mit den Außenseitern der christlichen Kirche befaßten und sie positiv beurteilten, waren wie Gottfried Arnold von Kirche und Welt Enttäuschte, ja Verwundete. Das Verwundetsein ist immer eine Voraussetzung für eine gewisse geistige Zuneigung zu den Ketzern aller Zeiten.

Die Reihe der christlichen Ketzer kann man schon sehr früh beginnen lassen. Wenn man unter dem Begriff »Ketzer« einzelne Menschen oder auch Strömungen versteht, die abweichend von der Glaubensgewißheit der meisten anderen Christen Sonderwege gingen, dann gibt es Ketzer seit es das Christentum gibt. Schon zu Zeiten des Paulus und der anderen Apostel gab es Christen, die sich auf anderen Wegen der Erkenntnis des Mysteriums von Golgatha nähern wollten oder konnten, als es den Zeitgenossen möglich war. Sie trugen altes Mysterienwissen in die sich bildenden Gemeinden hinein, das oft auch schon degeneriert war. Dadurch konnten sie eine Gemeinde stören, in der doch »alles neu« sein sollte.

Simon Magus, von dem die Apostelgeschichte im 8. Kapitel erzählt, war ein solcher Christ. Seine Geschichte kann den Begriff der Ketzerei erhellen. Sie zeigt zugleich, wie die frühe Christenheit mit einem Irrenden und Schuldiggewordenen verfuhr. Von »Ketzern« sprach man übrigens erst seit dem 12./13. Jahrhundert, in Anlehnung an das Wort »Katharer«, die damals in das Abendland eingesickert waren und durch ihre rasche Verbreitung den Bestand der Kirche gefährdeten. Vor dem Auftreten der Katharer wurden die Abweichler von der Kirchenlehre generell als »Häretiker« bezeichnet. Simon Magus verhielt sich »häretisch«, als er in Samarien auf Petrus und Johannes stößt, ihre Gabe der Geistverleihung bewundert und sich von ihnen diese wunderbare Kraft mit einer Geldspende erkaufen will. Zornig wird von Petrus das Ansinnen des Simon Magus zurückgewiesen: »Daß du verdammt werdest mitsamt deinem Gelde!« Seither war Häresie verdammenswert. Das griechische Wort »Häresie« (Wahl, Erwähltes) wurde auf alle angewandt, die in vermeintlicher Überheblichkeit oder tatsächlichem Hochmut sich vom allgemein gültigen Glauben lösten.

Der Magier Simon war Christ geworden, aber er verfügte offenbar über alte magische Kräfte, die er mit der Geistverleihung erhöhen wollte. Von Simon Magus wußte noch der Kirchenvater Irenäus zu berichten, daß er einmal nach Rom gekommen sei und dort Senat und Volk mit seinen Zauberkünsten in Erstaunen versetzt habe. Er hatte bereits eine große Anhängerschaft, als er Petrus und Paulus begegnete und sein Geldangebot machte. Da sprach Petrus zu ihm: »Du hast weder Teil noch Anrecht an diesem Wort; denn dein Herz ist nicht rechtschaffen vor Gott. Darum tu Buße für diese deine Bosheit und bitte den Herrn, ob dir vergeben werden möchte die Tücke deines Herzens.« Simon Magus tat »Buße«, d.h. er übte »Umkehr« von seinem irrigen Weg. Von einer Strafe ist nicht die Rede. Es genügt, daß er sagt: »Bittet ihr den Herrn für mich.« Die Umkehr vollzieht sich also in der Seele dessen, der geirrt hat. Sie wird nicht erzwungen.

Die Erzählung über Simon Magus wirkte noch jahrhundertelang nach. »Simonie« wurde zu einem schimpflichen Begriff. Im Verlauf des christlichen Mittelalters stand er für Ämterkauf oder für die Belehnung geistlicher Würdenträger mit Land und Leuten durch weltliche Fürsten. Der Simonie wurde Kaiser Heinrich IV. durch Papst Gregor VII. bezichtigt, und der lange Kampf zwischen Kaisertum und Papsttum wurzelte in dem Vorwurf der Simonie.

Das frühe Christentum hat an Simon Magus keinen Schaden genommen. Im Gegenteil, es wurde durch den Aspekt der Vergebung, der im 8. Kapitel der Apostelgeschichte mitschwingt, nur bestärkt. Viel kritischer für die werdende Kirche wurde der »Montanismus«, der im 1. und 2. Jahrhundert mit Sturmstärke über die christlichen Gemeinden hinwegfegte. Montanus war ursprünglich ein Priester des Kybele-Kultes, der im vorderasiatischen Raum weit verbreitet war. Der urchristliche Enthusiasmus, der sich oft im »Zungenreden« geäußert hat, wurde bei Montanus zu ekstatisch-visionären Prophetien vom bevorstehenden Ende der Welt gesteigert. Seine Anhänger, die »Montanisten«, glaubten, daß in ihm der Paraklet, der »Tröster« erschienen sei, von dem Christus im Johannes-Evangelium (14. Kapitel) gesprochen hatte. Mehrere Synoden kleinasiatischer Bischöfe schlossen die Montanisten aus der Gemeinschaft der Christen aus, weil diese in Häresie lebten und die alten Formen der Geisterfahrung nicht zu überwinden in der Lage waren.

Als Häretiker erschienen zur Zeit der Kirchenväter, im 2. und 3. Jahrhundert, auch jene Christen, die von der »Gnosis« her kamen und einen anderen Weg zu Christus suchten, als die Mehrheit ihn gehen konnte. Die Gnostiker wurden, als die Christenheit sich in der Kirche zu organisieren begann, von so hervorragenden Geistern wie Irenäus, Clemens von Alexandrien, Tertullian und selbst von dem irenischen Origenes abgelehnt und bekämpft. Auch von den sogenannten »Monarchianern« wurde die Gnosis verworfen. Sie suchten, das Verhältnis des Christus zum Vatergott zu bestimmen, und betonten die Unterordnung des Christus unter die Wesenheit des göttlichen Vaters. Ihr Einfluß auf die Christenheit ihrer Zeit war so groß, daß der Bischof von Rom sich genötigt sah, ihre Anführer zu exkommunizieren, sie also aus der Gemeinschaft der Christen auszuschließen, wie es schon die kleinasiatischen Bischöfe mit den Montanisten getan hatten. Mit dem Tode bestraft aber wurden sie nie.

Lange Zeit konnten die Häretiker inmitten der Gemeinden bleiben und wirken. Das änderte sich erst, nachdem das Christentum zur Staatsreligion erhoben worden war, nicht durch Konstantin d. Gr., wohl aber durch seine Söhne. Gesetze gegen die Häretiker wurden erlassen, »Nebenkirchen« nicht mehr geduldet. Ihre Anhänger wurden vertrieben. Über Häretiker die Todesstrafe zu verhängen, war erst unter Kaiser Theodosius üblich geworden. Er wandte sie 382 gegen den »Manichäismus« an. Fortan war jeder Häretiker zugleich Staatsfeind. Kirchliche Nebenströmungen sahen sich zur Auswanderung gezwungen, wenn sie nicht wie die Bogumilen Jahrhunderte später den Zwecken des Staates unterworfen wurden und dem Kaiser als Grenzkrieger nützlich erschienen.

Den Resten antiker Kulte hat das »konstantinische Zeitalter der Kirche« ein Ende bereitet. Das antike Mysterienwissen konnte nur im Verborgenen weitergegeben werden, ist trotzdem aber auch innerhalb des Staatskirchentums nie ganz erloschen.

Nach dem Beginn der Völkerwanderung, in der das weströmische Kaisertum unterging, gewann der Bischof von Rom mehr und mehr Bedeutung und Macht innerhalb der Kirche. Das Papsttum wurde zur Klammer aller abendländischen Gemeinden. Dagegen hatte in der östlichen Hälfte der Christenheit das oströmisch-byzantinische Imperium und seine griechisch-orthodoxe Kirche die Völkerwanderung unangefochten überstanden. Fast ein halbes Jahrtausend gab es nur einen Kaiser in der Christenheit, der in Konstantinopel (Byzanz) residierte und auch großen Einfluß auf seine Kirche nahm. Erst als die Franken in der Westhälfte des alten Römerreiches mächtig geworden waren, gab es wieder einen zweiten Kaiser, und der Schwerpunkt der geistigen Entwicklung in Theologie und Kirche verlagerte sich nach Rom. Ein Imperator Romanorum konnte neben dem griechischen Kaiser, dem »oströmischen«, in der Christenheit maßgebend werden; Karl d. Gr. wurde 800 vom römischen Papst zum Kaiser gekrönt. Abendland und Morgenland gingen seit dem 9. Jahrhundert verschiedene Wege. Ihre Kirchen lebten sich auseinander. Die abendländisch-römische und die morgenländisch-griechische Kirche trennten sich endgültig im Jahr 1054.

Von der morgenländischen Christenheit wird auf den nachfolgenden Seiten dieses Buches nichts zu lesen sein. Behandelt werden ausschließlich »Ketzer« und »Ketzereien«, die auf dem Boden der »Ecclesia romana« entstanden sind.

Die Macht der römisch-katholischen Kirche wuchs mit der Macht des fränkischen Kaisertums der »Karolinger« und danach mit dem Aufstieg des deutschen Kaisertums. Die griechisch-lateinische Kulturepoche, von Rudolf Steiner als vierter nachatlantischer Kulturzeitraum bezeichnet, hatte schon lange ihren Höhepunkt überschritten und neigte sich allmählich dem

Ende zu, als die ersten abendländischen Häretiker in Erscheinung traten.

Am Anfang der hier behandelten Ketzer steht Gottschalk, der als Mönch seine germanischen Wertvorstellungen ablegen mußte. Sein Schicksal macht das Problem des Andersdenkenden sichtbar; konsequent hielt er an der Auffassung des Kirchenvaters Augustinus von der Prädestinationslehre fest, weswegen er zu lebenslänglicher Kerkerhaft verurteilt wurde. Mit seinem Zeitgenossen Scotus Eriugena wird das Ringen der Kirche um einen einheitlichen Glauben deutlich, zugleich auch die Nachwirkungen esoterischer Lehren, die von der Kirche lieber streng geheim gehalten wurden. Im Zeitalter der Kreuzzüge erhob sich mit Arnold von Brescia der Protest eines einzelnen gegen Reichtum und Veräußerlichung einer Kirche, die von den apostolischen Idealen und dem Geist des Urchristentums abgefallen war. Die »Armutsbewegung« entstand als religiös-soziale Antwort auf die Suche nach dem verlorengegangenen reinen Leben in Christo. Katharer und Waldenser sind dieser Armutsbewegung zuzurechnen, wenngleich bei den Katharern die längst vergessen geglaubte Gnosis wieder auftauchte und die Waldenser ein Christentum der Tat verwirklichen wollten. Zu den Armen wollten diese beiden Ketzerbewegungen gerechnet werden, als sie sich wie regelrechte Nebenkirchen ausbildeten und der Papstkirche trotzten. Das Mittelalter ging seinem Ende zu, und Joachim von Fiore vertiefte mit seinen gewaltigen Geschichtsvisionen das Bewußtsein vieler Menschen für den Wandel der Dinge im Strom der Zeit. Seine eschatologischen Bilder von der Wiederkehr Christi erfüllten viele Seelen in Italien, Frankreich und Deutschland. Vor allem im »Ketzerland« Böhmen stand man bereit, dem Antichrist Widerpart zu bieten. Dort bereiteten Waldhauser und Militsch den geistigen Umbruch vor, der sich in ihren Predigten schon deutlich ankündigte. Die Schwelle vom Mittelalter zur Neuzeit sollte dann von Jan Hus, dem »lieben Magister« der Böhmen, überschritten werden, oder, um mit Rudolf Steiner zu sprechen: von der vierten zur fünften nachatlantischen Kulturepoche.

Mit Hus rückte Mitteleuropa in das Zentrum geistig-religiöser Entscheidungen, die mit Luthers Reformation einen für ganz Europa erkennbaren Höhepunkt erreichten. Um Hus zu verstehen, ist es nötig, die Bedeutung hervorzuheben, die der »Ketzer von Oxford«, John Wiclif, für sein Denken und die Gefühle eines ganzen Landes hatte. In Böhmen begann der Abfall großer Teile der abendländischen Kirche vom Papsttum. Es entstanden romfreie protestantische Kirchen.

Doch auch der Protestantismus brachte nicht die von Martin Luther kühn geforderte »Freiheit eines Christenmenschen«. Auch die protestantischen Kirchen Luthers, Zwinglis und Calvins stießen Andersdenkende aus ihren Reihen aus. Die »Schwärmer« und die »Wiedertäufer« hatten keinen Raum in den Gemeinden des Altprotestantismus. Sie wurden zwar nicht mehr mit den Methoden der Inquisition erpreßt, gefoltert und zu Geständnissen gezwungen. Auch wurden sie – von einigen Ausnahmen abgesehen – nicht mit dem Tod bestraft. Im allgemeinen begnügte man sich mit der Ausweisung aus Stadt und Land. Später duldete man Abweichende von den kirchlichen Lehren als »Sekten«, und manche der Sekten wurden nach einigen Jahrhunderten sogar als Kirchen anerkannt. Zu den Protestanten, die in den Anfangszeiten der Reformation in schwere Bedrängnis geraten sind, gehört auch Luthers Zeitgenosse Hans Denck. Er wurde stellvertretend für viele andere jener Epoche (beispielsweise Kaspar Schwenckfeld oder Sebastian Franck) in dieses Buch aufgenommen, um auch das Schicksal eines protestantischen Ketzers zu repräsentieren. Denck wurde nicht verbrannt wie Jan Hus oder gehenkt wie Arnold von Brescia, aber er wurde an keinem Ort geduldet, an dem er sich aufhalten wollte.

Zum Schluß wurde, als der zwölfte in der Reihe von Ketzern aus acht Jahrhunderten, das Schicksal Gottfried Arnolds berücksichtigt, der für seine ausführliche und kenntnisreiche Geschichte der Häresien (»Unpartheyische Kirchen- und Ketzer-Historie«) und wegen seiner schonungslosen Kirchenkritik Stellung und Ansehen verlor. Er hätte formulieren können,

was vor ihm der schlesische Barockdichter Friedrich von Lo-
gau mit einem seiner Sinngedichte aus der Zeit nach dem Dreißigjährigen Krieg schon gesagt hatte:

Lutherisch, päpstlich und calvinisch,
diese Glauben alle drei,
sind vorhanden, doch ist Zweifel,
wo das Christentum dann sei.

Der Sachse Gottschalk
(nach 800–869)

Der »Sachse« Gottschalk steht am Anfang der Ketzergeschichte Mitteleuropas. Mit ihm muß man beginnen, wenn man eine Reihe von Gestalten betrachten will, deren christliches Gewissen zum Ärgernis der Mächtigen in Kirche und Staat wurde.

»Ketzer« nannte man sie erst seit dem 13. Jahrhundert, vorher sprach man von »Häretikern«. Damit waren diejenigen gemeint, deren Auffassungen von der geltenden allgemeinen Lehrmeinung abwichen. Doch war das Wort »Ketzer« anfangs durchaus nicht negativ belastet. Es war der eingedeutschte Name für eine vielbewunderte Gruppe von Menschen, die abseits von der herrschenden Selbstgerechtigkeit in Kirche und Gesellschaft einen ungeschützten Weg in der Nachfolge Christi gehen wollten. Zu einem Schimpfwort wurde der Begriff »Ketzerei« erst, als die »Katharer« (Ketzer) der Kirche gefährlich geworden waren. Sie lebten ihr vor, was sie als ihren eigentlichen Auftrag vergessen hatte; und die Kirche verfolgte sie.

Christliche Ketzer haben von je ihre Kirche, die Kirche Jesu Christi, geliebt. Sie wollten sie nicht verlassen, sie wollten in ihr bleiben, aber sie wurden von ihr verstoßen, verleumdet, gequält – und getötet. »Ketzer« ist noch heute ein böses Wort. Aber Ketzer waren und sind notwendig für die geistige Entwicklung der Menschheit. »Ketzer« kann deshalb auch ein Ehrenname sein.

Gottschalk der Mönch
und das 9. Jahrhundert

Gottschalk der Mönch, den man auch den »Sachsen« nennt, war ein Zeitgenosse von Scotus Eriugena, Hrabanus Maurus, Karl d. Gr. und seinen Söhnen, von Papst Nikolaus I. und von dessen Gegner Photios, dem Patriarchen von Konstantinopel. Er hat die Teilung des Frankenreiches miterlebt,[1] und er lag nach zwanzigjähriger Kerkerhaft im Sterben, als im fernen Konstantinopel 869 das 8. ökumenische Konzil schwerwiegende Beschlüsse über das Wesen des Menschen faßte.

Gottschalk konnte nicht wissen, was in Konstantinopel geschah. Daß man dort die altchristliche Auffassung von der »Trichotomie« (Geist, Seele und Leib) des Menschen verwarf und nur noch von Leib und Seele sprechen wollte – das drang nicht bis in seine Kerkerzelle.[2] Es war ihm auch nicht bewußt, daß er in einem Jahrhundert lebte, in dem sich die große Volkwerdung in Europa vollzog: Franzosen und Deutsche gliederten sich aus dem Reich Karls d. Gr. heraus; jenseits der Alpen entwickelte sich unter der Decke wechselnder Machtkonstellationen das spätere Italienertum; aus Osteuropa kam die Kunde von einem rätselhaften Volk der »Rhos« (Russen); auf den britischen Inseln sammelten angelsächsische Könige ihre Reiche, und iro-schottische Mönche brachten ein romfreies Christentum auf das Festland.

Das Leben des Sachsen Gottschalk fällt in dieses geschichtsträchtige 9. Jahrhundert. Er wurde etliche Jahre nach der Kaiserkrönung Karls d. Gr. (800) geboren. Sein Vater war ein sächsischer Graf namens Berno. Dieser Berno muß noch die schrecklichen »Sachsenkriege« (772–785) miterlebt und den berühmten Widukind gekannt haben. Karl d. Gr. hat die Sachsen durch Massentaufen zwangsweise dem Christentum zugeführt, und diejenigen, die von den alten Göttern nicht lassen wollten, sondern ihnen weiterhin anhingen, ließ er von Niedersachsen in fränkisches Land deportieren. Der Name der Stadt »Frankfurt« legt Zeugnis davon ab.

Graf Berno muß zu den sächsischen Großen gehört haben, die sich Karl unterwarfen und schon bald zum Christentum bekannten. Seinen Sohn Gottschalk schickte er als fünfjähriges Kind auf die berühmte Klosterschule der Benediktinerabtei in Fulda.[3] Das bedeutete jedoch nicht, daß er ihn Mönch werden lassen wollte. Er wollte ihm wohl nur die beste Bildung zukommen lassen, die man im 9. Jahrhundert erhalten konnte, und das war nur auf einer Klosterschule möglich. Die Benediktiner galten als der »Orden der Gelehrsamkeit«.

Dieser Orden war der erste und damals auch einzige Orden der Kirche und blieb es bis zum 12. Jahrhundert. Erst 1118 löste Bernhard von Clairvaux als einen neuen Orden die Zisterzienser von den Benediktinern ab. Zu Gottschalks Zeiten gab es nur Klöster, die nach der »Regula Benedicti«, der Regel des hl. Benedikt (um 529 formuliert), lebten und zum Benediktinerorden zusammengeschlossen waren. Auf dem Gebiet der Erziehung und Bildung leisteten die Benediktiner Hervorragendes. Ihnen danken wir die Vermittlung der antiken Literatur und des Schrifttums der Kirchenväter. Noch heute stehen wir bewundernd vor den kunstvollen, mit Miniaturen geschmückten Handschriften der Benediktiner des 9. Jahrhunderts.

Der Knabe Gottschalk wuchs in ihrer Welt heran und lernte viel von ihnen. Aber Mönch wollte er nicht werden, sondern ein freier Sachse bleiben. Eines Tages wurde ihm jedoch eröffnet, daß er in den Orden aufgenommen werde. Gegen seinen Wunsch und Willen wurde er zum Tonsurträger gemacht. Seine Eltern waren frühzeitig gestorben, und das Kloster Fulda wollte sich in den Besitz von Gottschalks Erbe setzen; d. h. es beanspruchte nicht etwa ein »Vermögen«, wohl aber Land und Leute des Grafen Berno, die nun an seinen Sohn Gottschalk gefallen wären. Gottschalk konnte sich nicht wehren. Als er aber volljährig geworden war, legte er Beschwerde beim Erzbischof von Mainz ein. Damit begann sein jahrzehntelanger Kampf gegen Hrabanus Maurus (um 780–856), den Abt von Fulda.[4]

Der Streit mit dem Orden

Gottschalk verlangte die Freilassung aus dem Kloster und die
Herausgabe seines väterlichen Erbes. Der Mainzer Erzbischof
Otger war von Gottschalks Klage beeindruckt. Er berief 828
eine Kirchensynode nach Mainz ein. Dort standen sich Gottschalk und Hrabanus gegenüber. Der rebellierende Mönch
machte alte, germanisch-sächsische Volksrechte geltend. Sein
Abt vertrat die kirchliche, die »kanonische« Rechtsauffassung,
derzufolge der persönliche Besitz eines Ordensmitglieds an das
Kloster überging. Gottschalk gab nicht nach. Er hielt Hrabanus entgegen, daß eine erzwungene Aufnahme in den Benediktinerorden mit der Regel des hl. Benedikt unvereinbar sei.
Nicht sein Vater, sondern seine Verwandten hätten es zugelas-
sen, daß man ihn zum Mönch gemacht habe. Er sei ein freier
Sachse und wolle Gott in Freiheit dienen. Die Synode geriet in
eine Zwickmühle: Sie mußte anerkennen, daß Gottschalk nicht
mit rechten Dingen »vermöncht« worden war, wollte aber andererseits dem Kloster Fulda den großen Landbesitz des ver-
storbenen Grafen Berno zukommen lassen. So wurde entschie-
den, daß Gottschalk zwar seine Freiheit erhalten müsse, das
Kloster aber in den Besitz seines Erbes gelangen solle.

Gottschalk gab sich mit diesem widersprüchlichen Urteil
nicht zufrieden. Als adliger Sachse appellierte er an Kaiser
Ludwig den Frommen, den Sohn Karls d. Gr. Dieser schob
wiederum die Entscheidung der Kirche zu. Auf einer Synode
in Worms kam 829 die Sache Gottschalks abermals zur Sprache. Merkwürdigerweise sind alle Unterlagen verlorengegan-
gen, die uns Schlüsse über die Vorgänge auf dieser Synode er-
lauben würden. Wir wissen nur, daß Gottschalk ein Jahr später
als Benediktinermönch im nordfranzösischen Kloster Corbie
genannt wird.

Was war geschehen? Manche nehmen an, daß Hrabanus sich
durchgesetzt habe, Gottschalk also in den Benediktinerorden
zurückgeführt und gleichzeitig aus dem Erzbistum Mainz entfernt worden sei. Vorstellbar ist aber auch, daß er sich fortan

St. Michael in Fulda, Untergeschoß des Zentralbaus in Nachbildung
der Rotunde des heiligen Grabes (818–822) – Dieser Bauteil entstand
zur Zeit, als Gottschalk Klosterschüler in Fulda war.

freiwillig in das Mönchsleben gefügt hat, jedoch unter der Bedingung, nicht mehr in der Gewalt des Abtes Hrabanus stehen zu müssen. Alles spricht dafür, daß eine innere Wandlung in ihm vorgegangen ist. Der an Recht und Gerechtigkeit zweifelnde Mönch scheint sich nach dem Sinn seines Schicksals gefragt und eine Antwort gefunden zu haben: Er eignete sich die Prädestinationslehre des Kirchenvaters Augustinus (354–430) an.

Gottschalk und Augustinus

Bei allem Freiheitswillen und trotz seines Aufbegehrens gegen das Mönchsleben war Gottschalk ein tieffrommer Mensch. Er litt unter der Verletzung uralt heiliger Rechte, die ihm durch das Kloster Fulda genommen worden waren. Wie konnte Gott es zulassen, daß solches geschah? Lag nicht der Sinn allen menschlichen Lebens in Gottes Hand? Und worin lag dann dieser Sinn? Gottschalk, der schon in Fulda die patristische Literatur kennengelernt hatte, griff in seiner Ratlosigkeit nach den Schriften des Augustinus. Hier fand er die Antwort auf seine Schicksalsfrage. Alles ist vorherbestimmt. Alles, was dem Menschen zustößt, ja mit der ganzen Menschheit geschieht, das liegt von vornherein und von Anfang an in dem Willen Gottes. Es ist prädestiniert.

Zu der Prädestinationslehre Augustinus' und ihrer Auffassung durch Gottschalk sagte Rudolf Steiner einmal, daß dieser »in entschiedener Weise die Lehre geltend machte, Gott wisse vollkommen voraus, ob irgendein Mensch verdammt werde oder selig werde. Man prägte das allmählich in die Formel: Gott habe einen Teil der Menschen zur Seligkeit, einen anderen Teil der Menschen zur Verdammnis bestimmt. Man prägte diese Lehre in der Art, wie es ja Augustinus selbst schon gemacht hatte, nach dessen Lehre von der göttlichen Vorherbestimmung ein Teil der Menschen zur Seligkeit, ein Teil zur Verdammnis bestimmt sei. Und Gottschalk, der Mönch, lehrte, es sei so: Gott habe einen Teil der Menschen zur Seligkeit und einen Teil zur Verdammnis bestimmt, keinen aber zur Sünde.«[5]

Seine Augustinus-Studien hat Gottschalk besonders intensiv betrieben, als er von Corbie in das Kloster Orbais (Département Marne) kam, wo er wahrscheinlich als Lehrer in der Klosterschule tätig geworden ist. Er ließ sich zum Priester weihen, verließ dann aber mit einer Anzahl von Schülern das Kloster und zog als Wanderprediger durchs Land. Die Mitbrüder seines Klosters hatte er für seine augustinischen Lehren nicht gewinnen können, obwohl Augustinus doch bei allen in hohem Ansehen stand. Aber in den Lehren des Augustinus war etwas enthalten, was sie nicht verstehen konnten. »So stand gewissermaßen solch ein Mönch wie Gottschalk vor seiner Zeit so da, daß er aus den Traditionen des alten Mysterienwissens etwas lehrte, was diejenigen, die nun alles mit dem Verstande, der heraufdämmerte, begreifen wollten, eben nicht begreifen konnten und deshalb bekämpften...«[6]

Das ist eine Bemerkung über Gottschalk, die uns fast erschrecken lassen könnte. Man muß von den Denkgewohnheiten unserer Zeit bewußt abrücken, um zu verstehen, was hier gemeint ist. Gottschalk vertrat eine Auffassung vom höchsten Gotteswesen, die einst im Geheimwissen der Mysterien gründete. Damals wurde den Einzuweihenden vermittelt, daß eine allmächtige und allwissende Gottheit den Lauf der Welt mitsamt der Entwicklung des Menschengeschlechts vom Urbeginne an vorausbestimmt hat. Das Böse hat in diesem göttlichen Weltenplan eine unzweideutige Aufgabe zu erfüllen, und die Verdammnis eines Teiles der Menschheit ist also unausweichbar. Gottschalk hat diese alte Prädestinationslehre erneuert und mit einer Schroffheit verkündet, die der komplizierten Vielfältigkeit im Lehrsystem des Augustinus nicht ganz gerecht wurde. Aber er hat Augustinus nicht nur sehr ernst genommen, sondern er hat dessen Lehre überhaupt erst wieder in ihrer Ganzheit erfaßt und sie in das Bewußtsein seiner Zeitgenossen gerückt.

Dabei mußte er erleben, daß sie verketzerten, was einst in der Kirche als geltende Anschauung erachtet worden war. Gottschalks »Ketzerei« bestand darin, daß er mit dem zaghaft beginnenden Zeitalter der Verstandeskultur zusammenstieß. Seine Gegner konnten mit ihrem erwachenden Verstandesdenken nicht mehr begreifen, was er eigentlich zu sagen wußte. Auch für seine Feinde war Augustinus eine Autorität. Aber sie hielten sich damals schon mehr an die Buchstaben seiner Worte und wagten es nicht, in die Abgründe der augustinischen Gedanken vorzudringen. Die Erwählungslehre ließ sich mit Vernunft nicht in Einklang bringen. Für uns heutige ist »Prädestination« zu einem Begriff geworden, den wir immer gleich mit Calvin (1509–1564) in Verbindung bringen, mit dem großen Genfer Reformator. Er fand bei Augustinus die Richtschnur für seine harten Forderungen nach einer gereinigten Lebenshaltung der Christen, die ihr Erwähltsein in der Sauberkeit einer unantastbaren Moral unter Beweis zu stellen hatten. Um Gottschalk zu verstehen, muß man sich aber wohl besser an Blaise Pascals »Pensées« erinnern, wo man liest: »Nichts versteht man von den Werken Gottes, wenn man nicht als Grundsatz anerkennt, daß er die einen mit Blindheit schlagen und die anderen erleuchten wollte.«

Keineswegs glaubte Gottschalk, daß er zu den Auserwählten Gottes gehöre. Er lebte in einem starken Sündenbewußtsein, zugleich aber auch in inniger Liebe zu dem Gottessohn, dessen Sühneopfer am Kreuz von Golgatha ihm Kraft und Hoffnung gab. Daß er nicht nur in augustinischen Formeln sprach, sondern auch ergreifend warmherzige Worte fand, davon zeugen die wenigen überlieferten Gedichte Gottschalks – die meisten wurden vernichtet.[7] Wir lesen da:

Warum befiehlst du mir, o Knäblein,
Warum forderst du, o Söhnlein,
Daß ich süße Lieder singe,
Der ich als Verbannter lang das Meer durchdringe?
O warum soll ich dir singen?

Aber er sang ihm überall, wo er hinkam. Und die Menschen verstanden ihn. Bis nach Oberitalien soll er gezogen sein, ja sogar in Dalmatien findet man seine Spuren. Dann aber taucht er 848 plötzlich wieder im Mainzer Gebiet auf: König Ludwig der Deutsche war auf die Schriften Gottschalks aufmerksam gemacht worden, die in Abschriften auch in den Klöstern seines Machtbereiches kursierten.

Inzwischen war Hrabanus Erzbischof von Mainz geworden, und nun sollte Gottschalk seine Lehren vor eben jenem Manne verteidigen, gegen den er schon einmal gekämpft hatte. Der Mut, mit dem Gottschalk auf der Synode zu Mainz 848 seinem alten Feind entgegentrat und sich für Augustinus einsetzte, ist bewundernswert. Aber die Synode sprach sich mehrheitlich gegen ihn aus und verwarf seine Schriften als ketzerisch.

Man brachte ihn in das Kloster zurück, aus dem er zehn Jahre zuvor entwichen war. Im darauffolgenden Jahr wurde das Mainzer Urteil sogar noch verschärft. Auf einer Kirchenversammlung in Quercy durfte er sich nicht einmal verteidigen. Die anwesenden Äbte und Bischöfe verurteilten ihn wegen seiner hartnäckigen »Ketzerei« zu lebenslänglicher Klosterhaft. Sie ließen ihn vor aller Augen auspeitschen und zwangen ihn, seine Schriften eigenhändig in das entfachte Feuer zu werfen.

Dann schleppte man den halbtotgeschlagenen »Ketzer« in den Klosterkerker von Hautevillers. Er bat darum, sich einem »Gottesurteil« unterwerfen zu dürfen: In vier Fässer mit kochendem Wasser wollte er steigen und Gott entscheiden lassen, ob seine Lehre ketzerisch sei. Doch die Kirche – selbst unsicher geworden – lehnte ein solches »Gottesurteil« ab.

Sie wußte noch, was Rudolf Steiner in seinen Vorträgen von 1917 so beschrieben hat: »Die Menschennatur hatte früher diese Eigenschaft: Wenn ein Unschuldiger in dem feierlichen Moment, der sich da bot, so durchdrungen war von seiner Unschuld, so sich wußte im Schoße der göttlichen Geister, so fest in seinem Bewußtsein zusammenhing mit der geistigen Welt, daß sein Astralleib herausgeholt wurde aus dem physischen

Leib, dann konnte er mit dem physischen Leib über Gluten gehen. Das war schon so in früheren Zeiten. Das ist Wahrheit.«[8]

Mit Gottschalk und seinem Wunsch nach einem Gottesurteil verhielt es sich nicht anders. Die Kirchenoberen boten ihm Hafterleichterung an, die der unbeugsame Sachse jedoch zurückwies. Er erhielt Schreibverbot. Trotzdem schrieb er weiter und fand Anhänger, die seine schon bekannten Schriften abschrieben und weitergaben. Einer seiner Freunde brachte sie sogar nach Rom. Papst Nikolaus I. (858–867) las sie und ordnete 859 eine erneute Untersuchung des Falles Gottschalk an. Das hätte aber nur auf einer Synode geschehen können, die nie stattfand. Die Gegner Gottschalks und seiner Prädestinationslehre zögerten sie hinaus, bis der Papst gestorben war. Gottschalk blieb in Haft.

Was er als Gefangener gedacht und erlebt hat, wissen wir nicht. Einzelheiten seines Lebens wird man wohl nie erfahren; manche seiner Werke gingen verloren. Aber ein Teil seiner Schriften ist 1930 wieder aufgefunden worden.[9] Wir besitzen auch einige Quellentexte zu seinem Leben, die uns seit 1896 bekanntgemacht worden sind.[10] Er muß eine »faszinierende Persönlichkeit von großer Anziehungskraft« gewesen sein, urteilt Brunhölzl und sagt von den wenigen erhaltenen, lateinischen Gedichten Gottschalks, die sich in deutscher Übersetzung nur unvollkommen wiedergeben lassen: »Form und Gedanke sind zu vollkommener Einheit verschmolzen, eine Steigerung der Eindringlichkeit läßt sich kaum denken.«[11]

In völliger Isolierung lebend, verbrachte Gottschalk fast zwanzig Jahre im Kerker: Ketzerschicksal. Am 30. Oktober 869 ist er gestorben.

Johannes Scotus Eriugena

(um 810–um 877)

In einem Aphorismus, den der Maler Franz Marc 1915 mitten in den Stahlgewittern des Ersten Weltkriegs niederschrieb, heißt es: »*Wie schön, wie einzig tröstlich zu wissen, daß der Geist nicht sterben kann, unter keinen Qualen, durch keine Verleugnungen, in keinen Wüsten. Dies zu wissen, macht das Fortgehen leicht...*« *Es scheint, daß solches Wissen zeitlos ist. Von jeher lebte es in jenen Menschen, die man* »*Ketzer*« *nannte. Daß der Geist nicht sterben kann, dafür gab uns der eingekerkerte Sachse Gottschalk ein Beispiel. Aber auch Johannes Scotus Eriugena kann uns dies zeigen.*

Ketzer oder Heiliger?

Scotus Eriugena war und ist eine von Geheimnissen umwitterte Gestalt.[12] Wir wissen nicht, wann er geboren wurde, noch wo er gestorben ist. Wir wissen nur, daß er einige Zeit am Hof des Westfrankenkönigs Karls des Kahlen (843–877) lebte und dort in hohem Ansehen stand. Die Schriften, die wir von ihm kennen, haben jahrhundertelang in das europäische Geistesleben hineingewirkt, wenngleich sie nur von wenigen gekannt und von vielen befeindet wurden.

Am Königshof galt er als ein »Wunder der Weisheit«. Um so erstaunlicher ist es, daß man in späteren Zeiten eine merkwürdige Geschichte über sein Lebensende in Umlauf gesetzt hat: Er sei von seinen Schülern überfallen und mit spitzen Schreibgriffeln erstochen worden; doch sei von seinem Grab noch nächtelang ein wunderbarer Lichtschein ausgegangen – wie man sich das ja nur von Heiligengräbern zu erzählen pflegte.

29

In dieser Legende steckt ein wahrer Kern. Manche hätten das Werk des Scotus Eriugena am liebsten vernichtet, anderen erschien es wie eine Offenbarung.

Er war kein Mönch, als er ins Frankenreich kam. Er war ein »Laie« und ist es auch geblieben. Aber er war ein Mann von umfassender Bildung, und so beauftragte ihn Karl der Kahle, zur augustinischen Prädestinationslehre, wie sie Gottschalk vertrat, Stellung zu nehmen. Gottschalk stand noch mitten im Kampf mit seinen Gegnern, als Scotus Eriugena in seinem »Liber de praedestinatione« der Erwählungslehre eine Absage erteilte.[13]

Er behandelte das vieldiskutierte Thema aus einer Sicht, die ein völlig neues Licht auf die Problematik der Erwählungslehre warf. Auch für ihn gab es den großen Weltenplan der höchsten Gottheit. Aber die Prädestination war nach seiner Auffassung untrennbar mit der Erlösertat des Christus verbunden. Gott hat vorausbestimmt, daß Christus, der Gottessohn, sterben mußte wie ein Mensch, um die Sünde der Welt zu tragen. Er erlitt den Kreuzestod für *alle* Menschen, für Gute und Böse, damit er *allen* das Heil bringe. Diese Gnade Gottes ist es, die der Menschheit vorherbestimmt war. Sie kann sie empfangen, wenn sie sich der Liebe Christi öffnet.

Ganz leise klingt in Eriugenas Schrift aber auch etwas von dem urchristlichen Glauben wieder auf, daß sich am Ende der Welt eine Wiederherstellung, eine Zurückversetzung in jenen Zustand vollziehen werde, in dem sich alles befand, bevor der Sündenfall sich ereignet hat. Von diesem Glauben hatte sich die Kirche weit entfernt, obwohl sie ihn doch auch in der Apostelgeschichte (3. Kapitel, Vers 20, 21) finden konnte. Von der »Apokatastase«, wie man diese Anschauung nennt, wollte man im 9. Jahrhundert nicht mehr viel wissen; denn sie war einst von dem Kirchenvater Origenes gelehrt worden, und den hatte doch das 5. ökumenische Konzil unter Kaiser Justinian 553 zum Ketzer verurteilt.[14]

Man wollte den Prädestinationsgedanken des Eriugena nicht folgen, und man hätte es auch gar nicht mehr gekonnt. So biß man sich an Gottschalks Lehre fest, um die noch gestritten wurde, als der verurteilte »Sachse« längst schon Jahre der Einsamkeit in einem Klosterkerker verbrachte. Doch weil »der Geist nicht sterben kann«, lebten auch Gottschalks Gedanken weiter. Eine größere Zahl von westfränkischen Geistlichen und Mönchen waren regelrechte »Gottschalkianer« geworden. Einer von ihnen war Ratramnus (†867),[15] ein Mönch aus dem Kloster Corbie. Das war eben jenes Kloster, in das sich Gottschalk für kurze Zeit begeben hatte, nachdem er auf der Mainzer Synode (848) abermals mit Hrabanus Maurus zusammengestoßen war. Nun kamen just aus dem Kloster Corbie die Anstöße zur Verurteilung von Scotus Eriugenas »Liber de praedestinatione« und zur erneuten Erörterung der Erwählungslehre. Auf zwei Synoden (555 in Valence und 559 in Langres) soll diese scharf verurteilt und ausdrücklich verworfen worden sein. Hätte Eriugena nicht unter dem persönlichen Schutz des Königs gestanden, es wäre ihm wohl nicht anders ergangen als dem »Sachsen« Gottschalk.

Rätselvolles Leben

Wir wissen nicht, wie Scotus Eriugena an den Hof des Westfrankenkönigs gelangt ist. Auch seine Herkunft bleibt uns weitgehend verborgen. Nur sein Name verrät uns, daß er ein in »Erin Geborener« (Erigena) gewesen sein muß. Demnach war er ein Irländer, und weil man ihn auch »Scotus« nannte, darf man wohl annehmen, daß er im Umkreis des romfreien, iroschottischen Christentums aufgewachsen ist und dessen Geist geatmet hat. Wann und warum er seine irische Heimat verließ, bleibt uns ein Rätsel. Und rätselhaft ist auch, ob er gerufen wurde oder aus eigenem Antrieb zu Karl dem Kahlen ging. Sicher ist nur, daß er vor 847 an dessen Hof auftauchte und dort gleich in Ehren und Würden gestanden hat.

Der körperlich unscheinbare Ire wurde als Leuchte der Gelehrsamkeit begrüßt, und er hatte etwas an sich, das für die

Festlandschristen faszinierend war. Denn in ihm lebte noch das Wesen der altirischen, von römischen Dogmen unabhängigen Kirche weiter. Schon bald wurde er zum Berater und Freund Karls des Kahlen, der sich dann auch weigerte, Eriugena dem Papst auszuliefern, als das Gerücht nach Rom gekommen war, das »Liber de praedestinatione« enthalte ketzerische Irrlehren. Papst Nikolaus I. (858–867) ersuchte den König, ihm den der Ketzerei Verdächtigten zum Verhör nach Rom zu schicken. Doch Karl der Kahle kam der Aufforderung des Papstes nicht nach. Scotus Eriugena blieb im Machtbereich des Karolingers.

Er war von seinem König längst zum Vorsteher der Hofschule ernannt worden, an der die Söhne des westfränkischen Hochadels herangebildet wurden. In diesem Amt blieb er, trotz der päpstlichen Bedenken.

Von Karl dem Kahlen weiß man in der deutschen Geschichtsschreibung nicht viel Gutes zu berichten, obwohl er doch ein bedeutender Mensch gewesen sein muß. Er war einer der drei Enkel Karls d. Gr., die sein großes Reich untereinander aufteilten. Der »kahle« Karl hat sich nicht durch Heldenhaftigkeit ausgezeichnet. Aber die Geschichtsforscher müssen es ihm doch lassen, daß mit seinem Namen der Begriff der »karolingischen Renaissance« verbunden werden muß, d. h. ein reiches kulturelles Leben an seinem Hof.

Im Mittelpunkt dieses Lebens stand Johannes Scotus Eriugena. Er soll stets an des Königs Tafel gesessen und die Tischgespräche mit geistsprühendem Witz gewürzt haben. Er muß mit Karl dem Kahlen aber auch in einem Verhältnis gestanden haben, das es ihm erlaubte, Unterredungen von hoher Geistigkeit zu führen. Im Auftrag des Königs übersetzte er die Schriften des Dionysius Areopagita ins Lateinische.

Die Übersetzung des Dionysius

Scotus Eriugena gehörte zu den wenigen Menschen des damaligen Abendlandes, die die griechische Sprache beherrschten. Seine Übertragung der areopagitischen Texte hat Geschichte gemacht.

In der römischen Kirche kannte man den Dionysius Areopagita nicht oder nicht mehr. Man wußte nur, daß er jener athenische Ratsherr war, der in der Apostelgeschichte (17. Kapitel, Vers 34) erwähnt ist. Eriugena legte nun Schriften dieses Mannes vor, die durch seine Übersetzung in das Denken und Fühlen des ganzen Mittelalters eingingen. Ohne den Areopagiten und seine Mitteilungen über die geistigen Hierarchien, die Stufenordnung der Engelwelten und deren Namen, wären wir um viele herrliche Malereien und Miniaturen ärmer, die uns im Mittelalter geschenkt wurden. Man muß aber auch daran denken, daß ohne den Dionysius Areopagita die Entstehung der Mystik nicht vorstellbar ist.

An der Echtheit der Schriften, die Eriugena übersetzt hat, wird heute gezweifelt. Schon im Zeitalter des Humanismus stellte Laurentius Valla ihre Authentizität in Frage, und der kluge Franzose Jean Daille erklärte sie 1666 vollends für unecht. Daraus hat man bis zum heutigen Tage geschlußfolgert, daß es einen »Pseudo-Dionysius« gegeben haben muß, der nach dem Jahr 500 die sogenannten areopagitischen Schriften – in Syrien – verfaßt hat.

Es gibt nur einen einzigen Historiker der Neuzeit, der diese Auffassung nicht teilte: Gottfried Arnold (1666–1714). Er war Universitätsprofessor in Gießen, als er 1699 seine umfangreiche »Kirchen- und Ketzer-Historie« veröffentlichte.[16] Nachdem sie erschienen war, mußte sich der Protestant Arnold den Verfolgungen seiner protestantischen Kollegen durch die Flucht entziehen. Er hatte sich allzu deutlich auf die Seite der Ketzer gestellt. Sein voluminöses Buch, in dem auch viele Quellen verarbeitet worden sind, die inzwischen »verloren«gingen, ist bis heute noch für jeden unentbehrlich, der zur Ketzerproblematik etwas schreiben oder sagen möchte.

Arnold ärgerte es, wie intelligent und gleichzeitig geistlos über den »berühmten Dionysius Areopagita« geurteilt wurde. Er sagt, niemand könne »mit Grund behaupten«, die areopagitischen Schriften seien erst im 6. Jahrhundert entstanden. Vielmehr sei es denkbar, daß sie »lange zuvor, ja von Anfang her unter etlichen Christen als geheime Sachen mögen verborgen worden sein«. Im 4. Jahrhundert habe noch Isaak der Syrer in seinem »Buch von den Engeln« ausdrücklich den Dionysius angeführt. Aber geheime Lehren, die »sehr köstlich und gleichsam mit vielen Edelsteinen und Kronen des Glaubens versetzt« sind, wären ja nie der »Papisten Sache« gewesen. In den »Papisten«, also in der Amtskirche, sah Arnold stets den Feind der geheimen Weisheit. Die areopagitischen Schriften wären lange verborgen gehalten und erst im 7. Jahrhundert durch den Mönch Maximus aufgezeichnet, endlich aber im 9. Jahrhundert »in einer lateinischen Version herausgebracht« (gemeint ist Eriugena) worden. Dionysius sei ein »in der griechischen Gelehrsamkeit hocherfahrener Mann gewesen, der lange zu Athen und Heliopolis studiert gehabt, da er auch die große Sonnenfinsternis zur Zeit des Leidens Christi soll beobachtet haben... Worauf er um das Jahr 50 n. Chr. Paulus in Athen gehört und ein Christ, auch Aufseher und ein Märtyrer geworden ist.«

Doch Arnold stand sehr allein mit seinem Rettungsversuch für die reale Existenz des Areopagiten und mit seiner Auffassung oder Weitergabe von geheimem Wissen. Es mußte erst Rudolf Steiner kommen, damit wieder ausgesprochen werden konnte, was »die äußere Geschichte nicht weiß«. In einem Vortrag sagte er, daß Paulus »die esoterische Schule in Athen unter der Führung des Dionysius« gegründet hat. In ihr wurde »diejenige Geheimlehre intimen Schülern gelehrt«, die sie »auch wirklich würdigen konnten«; denn »was die heiligste Wahrheit war, das hat man in alten Zeiten vor Veröffentlichung bewahrt«. Die Lehren des Areopagiten wurden »von Mensch zu Mensch übertragen und einige im 6. Jahrhundert aufgeschrieben. Weil es üblich war, daß der Vorsteher einer solchen Schule immer den Namen Dionysius trug, deshalb trug der Vorsteher dieser Schule in Athen im 6. Jahrhundert auch diesen Namen, den nämlichen wie sein großer Vorfahre in Athen, der Freund des Paulus.«[17]

Das macht uns nun verständlich, weshalb es zu dem Mißverständnis über den sogenannten »Pseudo-Dionysius« kommen konnte. Tatsächlich sind die Schriften des Areopagiten erst sehr viel später aufgezeichnet worden. Aber die ungeschriebene, von Mund zu Mund weitergegebene Geheimlehre über die Stufenordnung der geistigen Hierarchien geht auf den Areopagiten zurück. Insofern hat Scotus Eriugena den echten Dionysius aus dem Griechischen ins Lateinische übersetzt.

Das war eine geistige Großtat, die bis heute noch nachgewirkt hat. Im allgemeinen aber betrachtet man ein anderes Werk des Eriugena als sein Hauptwerk, das Buch über die Einteilung der Natur, »De divisione naturae«.

»Über die Einteilung der Natur«

Man bewundert zu Recht den Niederschlag griechischer Philosophie und griechischen Denkens in diesem Buch, das nicht nur eine großartige Kosmologie enthält, sondern auch um die Frage des Verhältnisses von Vernunft und Autorität kreist. Glauben und Denken, Gott und Welt sind für Scotus Eriugena eine Einheit. Man fühlt sich an Novalis erinnert, wenn man in dem alten Eriugena blättert. Seit der Antike hatte niemand mehr in so tiefgreifender Weise über die Natur nachgedacht. Seinen Zeitgenossen war ein solches Denken fremd. Sie empfanden es als ketzerisch. Es war für sie nicht zu ertragen, daß der Mensch durch eigenes Denken und ohne die Gnadenmittel der Kirche zu Gott gelangen könne. Heute sehen wir in dem Buch »De divisione naturae«, daß Eriugena mit ihm geradezu Jakob Böhme, Schelling und sogar Hegel vorweggenommen hat.

Für Scotus Eriugena »stellt sich die Welt als eine Entwicke-
lung in vier ›Naturformen‹ dar. Die erste ist die ›schaffende
und nicht geschaffene Natur‹. In ihr ist der rein geistige Ur-
grund der Welt enthalten, aus dem sich die ›schaffende und
geschaffene Natur‹ entwickelt. Das ist eine Summe von rein
geistigen Wesenheiten und Kräften, die durch ihre Tätigkeit
erst die ›geschaffene und nicht schaffende Natur‹ hervorbrin-
gen, zu welcher die Sinnenwelt und der Mensch gehören. Diese
entwickeln sich so, daß sie aufgenommen werden in die ›nicht
geschaffene und nicht schaffende Natur‹, innerhalb welcher
die Tatsachen der Erlösung, die religiösen Gnadenmittel usw.
wirken.«[18]

Zu Lebzeiten des Eriugena warf man ihm »gotteslästerliche
Behauptungen« vor. Unter diesem Verdikt stand das Buch
während des ganzen Mittelalters. Es geriet in Vergessenheit.
Die großen Scholastiker kannten es nicht mehr. Weder Alber-
tus Magnus noch Thomas von Aquin haben es erwähnt. Als es
von Thomas Gale achthundert Jahre später wiederentdeckt
und 1681 in den Druck gegeben wurde, erfolgte prompt die
Verurteilung durch die Katholische Kirche. Es wurde 1682 auf
den Index der verbotenen Bücher gesetzt.

So gefährlich erschienen die Gedanken des alten Ketzers.
Doch »wie schön, wie einzig tröstlich zu wissen, daß der Geist
nicht sterben kann«. Johannes Scotus Eriugena muß irgendwann nach 877 verstorben sein, also nach dem Tod Karls des
Kahlen.

Arnold von Brescia
(um 1100–um 1155)

Seit Scotus Eriugena und dem Sachsen Gottschalk waren mehr als zweihundert Jahre vergangen, als die Kirche sich mit einer ganz neuen Art von »Ketzerei« auseinandersetzen mußte. Es ging nicht mehr um einen Streit über dogmatische Fragen, der mit einem Verdammungsurteil enden konnte. Es ging um eine religiös-soziale Bewegung, die dem Besitzstand der reich gewordenen Kirche gefährlich werden konnte.

Das nahm seinen Ausgang, als im ersten Viertel des 12. Jahrhunderts der Augustiner-Chorherr Arnold in seiner Heimatstadt Brescia von der »apostolischen Armut« predigte und damit das Verhältnis der Menschen zu ihren kirchlichen Obrigkeiten von Grund auf in Frage stellte. Er war der erste, der das Bild der christlichen Urgemeinde zürnend der verweltlichten, nach äußerer Macht strebenden Kirche entgegenhielt. Die erregten Massen des Kirchenvolks traten in Opposition zu Papst und Bischöfen. Sie lehnten den Machtmißbrauch der Kirche ab. Das sollte zum Grundgedanken aller Ketzerbewegungen der kommenden Jahrhunderte werden. Arnold von Brescia stand an ihrem Anfang.

Der Augustiner-Chorherr Arnold

Alle Schriften Arnolds sind von der Kirche vernichtet worden. Was wir von ihm wissen, können wir nur aus zeitgenössischen Berichten, Urkunden und Briefen entnehmen, die freilich kirchlich gefärbt sind. Berücksichtigt man aber die geschichtlichen Vorgänge der Zeit, so hebt sich auf diesem Hintergrund seine Gestalt wie ein Schattenriß ab.[19] Es soll versucht werden, diesen Schattenriß vorsichtig nachzuzeichnen.

Dabei fällt uns als erstes auf, daß es niemanden gibt, der je an der untadeligen Lebensführung dieses »Ketzers« gezweifelt hat, weder seine Zeitgenossen noch spätere Historiker. Immer wurden sonst die Ketzer mit Vorwürfen schlimmer Amoralität bedacht, wenn kirchliche Stellen von ihnen berichteten. Arnold von Brescia macht da eine Ausnahme. Selbst seine schärfsten Gegner mußten bezeugen, daß man ihm nichts Böses nachsagen konnte und er ein Mann war, der »von allen geliebt, von allen bewundert« worden ist – ein ungewöhnliches Nachwort auf einen Verdammten der Kirche.

Wann Arnold von Brescia geboren wurde, bleibt für uns im dunkeln. Wir wissen nur, daß er nach 1120 in der aufstrebenden Handelsstadt Brescia als Prediger vor das Volk trat und es für die Rückkehr zu den Anfängen des Christentums begeistert hat. Die Jahreszahl 1120 verhilft uns gleich zu einer wichtigen Feststellung: Arnold war ein Zeitgenosse Bernhards von Clairvaux und der »areopagitischen Mystik«, Peter Abaelards und der frühen Scholastik, Friedrich Barbarossas und der Kreuzzugsbewegung. Er lebte zu einer Zeit, da die Kirche eine ungeheure Macht über die Menschen ausübte, während die Päpste in Rom und in Italien kaum noch fähig waren, ihre alte Stellung als Oberhaupt aller Gläubigen zu bewahren.

Tasten wir uns nun vorsichtig an den Lebenslauf Arnolds heran. Er soll ein Schüler Abaelards gewesen sein und müßte demnach in Frankreich studiert haben, bevor er in Brescia dem Stift der »regulierten Augustiner-Chorherren« beitrat. Augustiner-Chorherren waren hochgelehrte Theologen, die als Priester an einer Kathedrale oder einem Dom dienten. »Reguliert« nannten sie sich, weil sie für ihr Zusammenleben in einem »Stift« die »Regeln« des Kirchenvaters Augustinus (354–430) angenommen hatten. Solche Regeln hat Augustinus zwar nie verfaßt, aber sie waren seit dem 7./8. Jahrhundert in Frankreich aus seinen Schriften abgeleitet worden. Die Stiftsherren hoben sich deutlich von den Benediktinern ab. Sie waren keine

Mönche, wenngleich sie ein klosterähnliches Leben führten. Jedes ihrer Stifte war selbständig, unterstand also keinem gemeinsamen Oberhaupt wie die Ordensklöster.

Durch ihre »Stiftsschulen« und ihre ausgedehnte Seelsorgetätigkeit übten die Augustiner-Chorherren großen Einfluß auf die Bürgerschaft der Kathedralstädte aus. Das erklärt die gewaltige Wirkung, die von Arnold auf die Bewohner von Brescia ausgehen konnte. Er war der Leiter der dortigen Stiftsschule, stand also von vornherein in hohem Ansehen bei den Bewohnern der Stadt.

Die Leute kannten ihn. Sie bewunderten sein Wissen und sein vorbildlich-asketisches Leben. Wenn er von der Armut und Bedürfnislosigkeit der ersten Christen sprach, dann glaubten sie ihm. Arnold hat das Wort von der »apostolischen Armut« geprägt. Es geht auf ihn zurück, wenn fortan das üppige Leben der Geistlichkeit an den armen Fischern gemessen wurde, die ohne alle Habe ihrem Herrn nachgefolgt waren. Arnolds Zuhörer empfanden das, was er sagte, wie eine neue Lehre. Endlich hörten sie, was sie selbst schon längst gefühlt hatten, aber nicht artikulieren konnten. Er sprach ihnen aus dem Herzen, wenn er den Reichtum der Kirche verurteilte und Bischöfe wie Äbte, Mönche wie Stadtgeistliche anklagte, von der Nachfolge Christi nichts mehr zu wissen:

»Da sitzen sie bei Schmäusen und Trinkgelagen mit unwissendem, sittenverderbtem Volke den ganzen Tag über zusammen, schwatzen Albernheiten mit ihnen und tun unflätige Dinge, welche man gar nicht nennen darf. In die Wolle der Herde des Herrn kleiden sie sich, von ihrer Milch leben sie. Aber die Schafe sterben vor Hunger und Mangel des göttlichen Wortes. Es vergehen die Festtage; es vergeht das ganze Jahr, ohne daß auch nur ein einziges Wort aus ihrem Munde hervorginge, durch welches die ihnen anvertraute Gemeinde erzogen, vom Bösen gebessert und zum Guten zurückgerufen würde.«[20]

Die Stadt Brescia wurde durch Arnold in einen sozialen Unruheherd verwandelt. Die Kunde von dem unerschrockenen Prediger verbreitete sich über ganz Italien bis zum Papst nach

Rom. Auf dem 2. Laterankonzil von 1139 ließ Papst Innozenz II. (1130–1143) über Arnold das Predigtverbot verhängen und ihn des Landes verweisen.[21]

In Brescia wurde es nun stiller. Aber Arnolds Widerstandswille war nicht gebrochen. Er ging zu Abaelard nach Paris. Er setzte sein unruhevolles Leben unverändert fort. Er hätte seine Schritte in das dortige Augustiner-Chorherrenstift St. Viktor lenken können. Aber das lag ihm fern. Denn in St. Viktor hatte man einen ganz anderen Weg auf der Suche nach Christus eingeschlagen, als er ihm gegeben war.

In St. Viktor herrschte weltabgewandte Stille; dort konzentrierten sich die Chorherren auf intensive Seelenübungen, die das mystische Ineinanderfließen des menschlichen Geistes mit der Gottheit zum Ziel hatten. Im Mittelpunkt solchen Bemühens stand Hugo von St. Viktor (1096–1141), ein niedersächsischer Grafensohn, der in Frankreich die »areopagitische Mystik« begründet hat. Die Schriften des Dionysius Areopagita, die von Scotus Eriugena wiederbelebt worden waren, machte er zum Gegenstand der Meditationsübungen, an denen er seine Chorherren schulte. Die »areopagitische Mystik«,[22] die auch Bernhard von Clairvaux beeinflußt hat, floß wie ein stiller Strom von St. Viktor weiter in die Klöster und Stifte des Mittelalters bis hin zu Meister Eckhart und Jakob Böhme. Hugo war aber nicht nur ein Mystiker; er war auch ein großer Denker. Auf ihn geht die Unterscheidung von »cognitio« (wahrnehmendes Erkennen der äußeren Welt), »meditatio« (tiefes, ruhevolles Nachsinnen) und »contemplatio« (bildhaft-anschauliche Versenkung) zurück.

Zur Kontemplation ist Arnold gewiß nie gelangt. Seine leidenschaftliche Natur trieb ihn zur Tat, zur »vita activa«. Er suchte Peter Abaelard auf.

Der »Ketzer« Arnold

Als er in Paris eintraf, stand Abaelard dicht vor seinem Sturz. Seine Liebe zu Heloise war zwar längst in Vergessenheit geraten; seit 1136 dozierte dieser kühne Dialektiker der frühen Scholastik wieder in Paris. Doch mit seinem Lehrgebäude stieß er auf den Widerstand seiner kirchlichen Gegner.[23] Er hatte sich den Unwillen des großen Bernhard von Clairvaux (1091–1153) zugezogen, der größten religiösen Persönlichkeit seiner Zeit.[24] Als Bernhard dafür sorgte, daß Abaelard 1140 zu lebenslänglicher Klosterhaft verurteilt wurde, konnte Arnold von Brescia nicht länger in Paris bleiben. Weil er dessen Freund und Schüler war, wurde auch er von Bernhards Zorn ergriffen.

Um zu verstehen, was das bedeutete, muß man wissen, daß der Zisterzienserabt von Clairvaux damals der ungekrönte Herrscher des Abendlandes gewesen ist. Rudolf Steiner charakterisierte ihn einmal: »Die Zahl derjenigen Menschen, von denen gesagt wird, daß er sie als Blinde sehend, als Lahme gehend gemacht hat, sie läßt sich gar nicht vergleichen mit den Zahlen, die man herausbekommt, wenn man die ähnlichen Berichte der Evangelien nachrechnet. Die Beschreibung der Eindrücke der Predigten des heiligen Bernhard ist eine solche, daß man fühlt: Wenn er irgendwo gesprochen hat, dann war das, was er gesprochen hat, wie die Ausbreitung einer weithin intensiv wirkenden Aura. Eine Realität lebte in den Worten dieses Mannes, von der man sich jetzt keine Vorstellung mehr macht.«[25]

Könige und Fürsten, ja sogar Päpste suchten seinen Rat. Was blieb Arnold anderes übrig, als seinem Zorn zu entfliehen? Eine Zeitlang konnte er sich in Zürich aufhalten, wo er auch Predigten hielt. Als er aber die Schweiz verließ und nach Böhmen ging, schrieb Bernhard in einem Brief: »Arnold von Brescia, dessen Wandel Honig, dessen Lehre aber Gift ist, der den Kopf einer Taube und den Schwanz eines Skorpions hat, den Brescia ausgespien, den Rom verworfen, den Frankreich vertrieben hat, den Deutschland verabscheut und Italien nicht mehr aufnehmen will, soll jetzt bei euch sein.« Auch in Böhmen konnte er also nicht bleiben. Nach langem Umherirren muß er sich entschlossen haben, nach Italien zurückzukehren. Jedenfalls tauchte er um 1145 in Rom auf. Er nahm sogar eine Kirchenbuße auf sich, die ihm auferlegt wurde. Er wollte nicht mit der Kirche brechen. Wie alle Ketzer wollte er sie nur reinigen, verbessern und zu ihren Quellen zurückführen.

In Rom geriet er nun aber in den Strudel antipäpstlicher Empörung. Die Bürger der »ewigen Stadt« hatten sich schon 1142 gegen Papst Innozenz II. (1130–1143), den Schützling Bernhards von Clairvaux, erhoben, ihn verjagt und die Stadt Rom zur »Republik« erklärt. Das Volk war der politischen Wirren überdrüssig geworden, in die es durch das Machtstreben der Päpste gestürzt worden war. Die Stadt wollte sich selber regieren und vom Papst unabhängig sein. Ein »Senat« wurde gebildet, Papst und Adel verließen Rom. Und mitten in diesem Umwandlungsprozeß mußte sich Arnold nun zurechtfinden. Er begann wieder zu predigen und gab der republikanischen Volksbewegung Roms auf seine Weise eine religiöse Komponente.

Doch die römische Republik war nicht von langer Dauer. Sie wurde von den Normannen bedroht, die seit Robert Guiscard 1057 Unteritalien unterwerfen und später mit Hilfe eines Papstes ein Königreich errichten konnten. Papst Eugen III. (1145–1153) konnte deshalb auch 1149 mit ihrer Unterstützung wieder in die Stadt einziehen. Aber die Bürger vertrieben ihn schon im nächsten Jahr. Inzwischen war der zweite Kreuzzug (1147–1149) zusammengebrochen, für den Bernhard von Clairvaux einst in ganz Europa geworben hatte. Die römische Republik blieb von dieser Katastrophe unberührt, und Arnold predigte den Römern, daß die Kirche »nicht das Schwert und den heiligen Kelch zugleich tragen« könne. Wie in Brescia forderte er, daß die Priester aller Macht entsagen und Christus, ihrem Herrn, in Armut dienen sollten. Den Bischöfen und Kardinälen warf er jetzt »Hochmut, Habgier, Heuchelei und Lasterhaftigkeit« vor. Er sprach davon, daß sie »den Tempel des Herrn in ein Kaufhaus und eine Lasterhöhle« verwandelten, und den Papst nannte er einen »Mann des Blutes« und einen »Folterknecht« der Kirche, der nur seinen eigenen Geldkasten füllen wolle.

Indessen war Hadrian IV. (1154–1159) Papst geworden. Er wollte Rom in Besitz nehmen, mußte aber vor den erregten Bürgern Roms nach Viterbo fliehen. Aber er war gewillt, das stärkste Machtmittel des Papsttums gegen sie einzusetzen. Hadrian IV., der einzige Engländer, der je auf dem päpstlichen Thron saß, verhängte 1155 das »Interdikt« über Rom: Keine Glocke durfte mehr läuten, Tote konnten nicht beerdigt, Kinder nicht getauft werden, keine Eheschließung wurde kirchlich vollzogen. Auch über andere Städte hatten Päpste schon früher ein Interdikt verfügt. Aber der »ewigen Stadt« war das noch nie widerfahren. Die Bürger waren ratlos. Sie waren dem Druck des Papstes nicht gewachsen und ließen Arnold, ihren Anführer, ziehen, als er von Hadrian IV. exkommuniziert und zum Ketzer erklärt worden war.

Arnold verbarg sich bei Freunden. Die Grafen von Campagnatico gaben ihm Unterschlupf. Dort aber ereilte ihn sein Schicksal. Der mächtige Stauferherrscher Friedrich Barbarossa (1152–1190) rückte mit einem Heer gegen Rom vor. Er wollte sich die Kaiserkrone holen, und die konnte ihm, so war es seit Karl d. Gr. üblich geworden, nur der Papst aufsetzen. Arnold fiel seinen Truppen in die Hände. Barbarossa, der dem Papst nicht eben wohlgesonnen war, hielt es für zweckgünstig, Arnold den Kriegsknechten Hadrians IV. auszuliefern. Sie schleppten ihn nach Rom, wo schon der Galgen auf ihn wartete.

Bevor er erhängt wurde, erbat er sich noch eine kurze Frist. Er kniete nieder, erhob seine Hände betend zum Himmel und empfahl sich Christus, seinem Herrn. Sein Leichnam wurde verbrannt und die Asche in den Tiber geworfen. Das Wort von der »apostolischen Armut« aber lebte weiter. Es wurde von den Katharern aufgegriffen, und die Waldenser trugen es weiter bis hinein in die Anfänge des Zeitalters der Reformation.

Die Katharer

Die Ketzer der mittelalterlichen Kirche wollten nie zerstören. Sie wollten aufbauen und erneuern. Oft wollten sie auch nur heilen, was ihnen am äußeren Leib der Kirche krank und gebrechlich erschien. Aber alle Ketzer strebten stets nach einer Kirche, die es auf Erden nicht gab, nach der unsichtbaren Kirche Jesu Christi. An diesem Idealbild maßen sie, was ihnen in der irdischen Wirklichkeit entgegentrat, litten daran, bekämpften es und starben dafür.

Die Katharer waren die erste große Ketzerbewegung des Mittelalters, die eine Art von »Geheimkirche« neben der Amtskirche darstellte. Sie waren keine militanten Ketzer. Sie suchten nicht die Konfrontation; sie lebten der Kirche nur vor, was diese ihrer Auffassung nach hätte sein sollen. Deshalb wurden sie ihr so gefährlich, deshalb wurden sie in einem »Kreuzzug«, der diesem Namen spottete, mit Feuer und Schwert ausgerottet. Das Katharertum mußte in einem schrecklichen Feldzug erstickt werden. So stark war es geworden. Wie ist das möglich gewesen?

Herkunft und Ausbreitung des Katharertums

Die ersten Katharer tauchten schon im 11. Jahrhundert im Abendland auf.[26] Ihr Name leitet sich aus dem griechischen Wort »katharoi« (die Reinen) ab. So wissen wir gleich, daß ihr Ursprung nicht im lateinisch sprechenden Bereich der Christenheit zu suchen ist. Sie kamen aus dem Osten. Das heißt zugleich, daß sie im Raum der griechischen Kirche ansässig ge-

44

wesen sind, die sich lange schon von den »Lateinern«, von Rom und der Papstkirche getrennt hatte. Die ersten Gruppen der »katharoi« kamen als Flüchtlinge ins Abendland. Sie waren von Staat und Kirche verdrängt worden und suchten hier Zuflucht. Aber nicht diese ersten Katharer waren es, die jene mächtige religiöse Bewegung entzündeten, von der wir wissen, daß sie die religiöse Welt zwei Jahrhunderte lang in Atem hielt.

Das Katharertum des Abendlandes entwickelte sich mit und in den Kreuzzügen. Es verbreitete sich ungeheuer rasch. Denn die Kreuzzugsbegeisterung war ja der Ausdruck für den unbeschreiblichen religiösen Enthusiasmus, in dem man im 12. Jahrhundert lebte. Fürsten und Ritter zogen nach Palästina, weil sie an den Stätten des Erdenlebens Christi nach den Quellen des Christentums suchten. Die Daheimgebliebenen teilten diese Begeisterung, indem sie die Anfänge der christlichen Frühzeit in der »apostolischen Armut« wiederfinden wollten.

Diese Grundstimmung der Seelen war der Nährboden für das Katharertum. Um sein Wesen zu verstehen, muß man zunächst feststellen, daß es nie eine geschlossene Einheit war. Die Katharer wurden oft nach Landschaften oder Städten benannt, in denen sie besonders stark vertreten waren. »Albigenser« hießen sie nach der Stadt Albi im Languedoc, »Concorezzaner« nach Concorezzo bei Monza, »Albanesen« nach Alba in Piemont usw.[27] In Frankreich nannte man sie oft auch »Tisserands«, weil sie ihren Lebensunterhalt als Weber verdienten. Auch als »Bulgari« wurden sie bezeichnet, worin sich wohl noch eine Ahnung von den ersten »katharoi« verbarg; denn diese waren über Bulgarien in die abendländische Christenheit eingesickert, als sie von der »morgenländischen« Kirche, d. h. von der griechischen Orthodoxie, und von den byzantinischen Kaisern unterdrückt und verfolgt wurden.

Die geistesgeschichtliche Herkunft des Katharertums läßt sich bis in die christliche Frühzeit zurückverfolgen. Die Gnosis und das Manichäertum standen Pate bei seiner Entstehung. Damit ist gesagt, daß die Ursprünge in dem syrisch-persischen Raum des alten Römischen Reiches zu suchen sind. Dort hatte

Manes (210–270) seine Spuren hinterlassen und jene esoterische Strömung inspiriert, die bei den Katharern weiterlebte. Sie sind aus zwei Wurzeln hervorgegangen: aus den »Paulicianern« und den »Bogumilen«.

Die Paulicianer – so genannt, weil sie sich den Apostel Paulus und seinen Gefährten zum Vorbild nahmen – wurden von der mächtig aufstrebenden oströmisch-byzantinischen Staatskirche als Sekte behandelt, aber geduldet. Als »Sekte« existierten auch die Bogumilen (Gottesfreunde).[28] Beide Gruppen wurden im 8. und 10. Jahrhundert aus ihren Heimatgebieten im Osten des byzantinischen Kaiserreiches vertrieben und auf den Balkan verpflanzt, wo sie als Krieger die Grenzen verteidigen sollten. Auf diese Weise erhoffte sich die Staatsmacht militärische Unterstützung, und zugleich wurde die Kirche unliebsamer »Sekten« ledig. Die Paulicianer erloschen unter dem Druck der griechisch-orthodoxen Kirche. Ihre Reste verschmolzen mit den Bogumilen. Von ihnen ging das Katharertum aus, das bald auch in der Bulgarei und in Bosnien Anhänger fand. Das Katharertum verbreitete sich vor allem in Frankreich und Oberitalien im Zusammenhang mit der Kreuzzugsbewegung rasch. Heimkehrende Kreuzfahrer, aber auch Händler und Kaufleute lernten auf dem Balkan Leben und Religiosität der Katharer kennen. Sie brachten die Kunde von einem Christentum in ihre Heimatländer mit, das vielen wie eine neue Lehre erscheinen mußte. Da gab es Menschen, die ohne die Dogmen der Kirche lebten, zu Christus als dem Gott des Lichtes beteten und von einer höheren Weltenordnung sprachen, der man sich durch Verzicht auf materielle Güter, irdischen Besitz und durch ein »reines« Seelenleben nähern sollte. Die Botschaft von den Katharern auf dem Balkan traf im Abendland auf die Bereitschaft zur »apostolischen Armut«, die ohnehin schon durch Prediger wie Arnold von Brescia, aber auch durch die Zisterzienser geweckt worden war. Das erklärt die rasche Verbreitung des Katharertums im Abendland des 12. Jahrhunderts.

Kirche und Katharer

Die Kirche war auf das Erscheinen der Katharer in ihrem Raum nicht vorbereitet. Die ganze bisherige Ordnung des kirchlichen Lebens wurde durch die plötzliche Entstehung zahlreicher Katharergruppen durchlöchert. Wie das Grollen eines nahenden Gewitters wirkte das dogmenfreie Christentum der Katharer auf die Kirche. Ihr fehlte jedes Verständnis für die neue Bewegung. Sie glaubte sich ihrer nur erwehren zu können, wenn sie die Katharer verunglimpfte. »Schreckliche Taten« und »unsinnige Lehren« warf sie ihnen vor. Ihre fleckenlose Lebensführung stand jedermann vor Augen. Aber sie wurden der schlimmsten Gotteslästerung verdächtigt und zum Inbegriff des Ketzertums gemacht. Das Wort »Ketzer« leitet sich ja aus dem Namen »Katharer« ab, und bis zum heutigen Tag wird noch jeder ein »Ketzer« genannt, der es wagt, von allgemeingültigen Meinungen über Gott und die Welt abzuweichen.

Die mittelalterlichen Katharer stürzten durch ihre rasche Verbreitung die Kirche in eine existentielle Krise, wie sie sie seit der Zeit der Christenverfolgungen nicht mehr erlebt hatte. Sie wußte sich keinen anderen Rat als die Inquisition und die Vernichtung aller katharischen Schriften. Mit Ausnahme eines einzigen Rituals ist keine authentische Quelle der Katharer auf uns gekommen. Und dennoch wissen wir recht viel von ihnen. Trotz der Verzerrung ihrer Lehren durch kirchliche Gegner kann man Wesen und Kern des Katharertums erkennen. Wir wissen, daß es eine Untergrundkirche bildete und im geheimen gewirkt hat.

Die Katharer gaben sich gegenseitig duch verschwiegene Kennzeichen, z. B. durch die Art des Händedrucks, zu erkennen. In den Städten sollen sie sich in dunkle, schlichte Gewänder gekleidet haben. Aber darin unterschieden sie sich nicht von den Webern und anderen Handwerkern. Viele von ihnen saßen ja auch tatsächlich hinter dem Webstuhl, um sich, selbst wenn sie aus vornehmem Geschlecht stammten, ihr tägliches

Brot mit ihrer Hände Arbeit zu verdienen. Sie machten ganz Ernst mit der »apostolischen Armut«. Durch ihren vorbildlichen Lebenswandel gewannen sie die Bewunderung aller anderen Menschen.

Weil sie im geheimen gnostische und manichäische Anschauungen weitergaben, bildeten sie auch besondere Kultformen aus. Bei ihren Zusammenkünften spielte das Neue Testament eine große Rolle. Sie lasen es in einer romanischen Übersetzung. Das widersprach den kirchlichen Gepflogenheiten der damaligen Zeit. Es war verboten, daß Laien die Evangelien lasen und in der Landessprache weitererzählten. Die Geistlichen durften es in der Messe auf lateinisch vorlesen, d.h. es blieb der Menge des Kirchenvolks verborgen. Nur durch die Symbolsprache der Kunst und den Aufbau der lateinischen Messe konnten die Gläubigen den Inhalt der Evangelien erahnen.

Rudolf Steiner hat einmal von dieser Zeit gesagt: »Die Kirche kämpft wütend gegen das Bekanntwerden des Evangeliums, und sie sieht als die wildesten Ketzer diejenigen an, die sich gegen das Verbot des Lesens des Evangeliums auflehnen, wie zum Beispiel die Waldenser oder die Albigenser; die machten Ansprüche darauf, durch das Evangelium selber unterrichtet zu werden über das Mysterium von Golgatha.«[29]

Die Katharer (Albigenser) durchbrachen das Verbot, und schon deswegen waren sie zu Abtrünnigen geworden. Ihre Ablehnung des Eides, des Krieges und der Tötung alles Lebendigen hob sie aus ihrer Mitwelt heraus. Daß sie auch noch an Reinkarnation glaubten und in asketischer Strenge jede Sinnlichkeit ablehnten, machte sie der Kirche vollends suspekt. Sie mußte handeln, wenn nicht ihr Lehrgebäude einstürzen sollte. Ganze Landschaften in Frankreich und Oberitalien waren von den Katharern durchsetzt worden. Fürsten und Grafen schützten sie, wenn sie verfolgt wurden; denn sie waren ja selbst Katharer geworden. In Südfrankreich hatten sich die »Albigenser« genannten Katharer zu einer kirchenähnlichen Gemeinschaft mit Bischöfen, Diakonen und Wanderpredigern zusammengeschlossen, ohne jedoch irgendwelche Dogmen zu verkünden. Man muß bedenken, daß sich bis in die Zeiten der Katharer hinein in Europa »noch gewisse gnostische Kenntnisse ausgebreitet« hatten, die darauf gerichtet waren, »sich Vorstellungen, konkrete Vorstellungen über den Christus und das Mysterium von Golgatha zu machen. Das durfte vom Standpunkte der offiziellen Kirche aus nicht sein. Deshalb wurden die Katharer zu Ketzern.«[30]

Charakteristisch für ihre Gemeinschaft war es, daß sie »perfecti« (Vollkommene) und »credentes« (Gläubige) kannte. Die »perfecti« hatten sich in größter Selbstentsagung dem »consolamentum«, der Geisttaufe, unterzogen. Das war kein bloß symbolischer Akt. Es war eine lebensgefährliche Heraushebung der Seele aus dem physischen Leib und konnte nur nach intensiven Gebetsübungen erreicht werden. Wer im »consolamentum« dem Heiligen Geist, dem »Tröster« (Joh. 14, 26) nahegekommen war, der lebte nur noch im ständigen Erschauen göttlich-geistiger Zusammenhänge. Er hatte Umgang mit überirdischen Wesenheiten, mit den »angeloi« (den Boten, den Engeln). Er mußte stark geworden sein; denn er nahm ja nicht nur die lichten Gestalten der jenseitigen Welt wahr, sondern sah auch ihre Gegenmächte, die Geister der Finsternis. Das »consolamentum« war eine Frage von Leben oder Tod. Nicht alle »perfecti« haben nach der Seelenprüfung einer Geisttaufe noch längere Zeit auf der Erde weitergelebt. Sie starben bald danach. Zu mächtig war die Schau gewesen, die im »consolamentum« eingetreten war. Sie »gingen von hinnen«. Wer aber ertragen konnte, was ihm offenbart worden war, der kannte keine irdische Furcht mehr. Er kannte nur noch die Ehrfurcht vor den göttlichen Wesen.

Die »credentes« unter den Katharern blickten in tiefer Verehrung zu den »perfecti« auf, auch wenn sie selbst Glieder der katholischen Kirche blieben und deren Sakramente nahmen. Aber sie lasen im Neuen Testament und nahmen auch an den katharischen Gottesdiensten in Wäldern oder in Berghöhlen teil.

Für die Kirche war es überaus schwer, gegen sie vorzugehen. Bernhard von Clairvaux hat Gespräche mit Katharergruppen geführt, konnte aber ihre Rückkehr in die Kirche nicht erreichen. Er war ihnen gegenüber hilflos und bekannte hinterher, daß es nichts Christlicheres gäbe als diese »Ketzer«. Ihre Worte und Taten würden übereinstimmen, und ihre Lebensführung sei untadelig. Auch Bekehrungsversuche anderer Theologen scheiterten.

In Südfrankreich veranstaltete man 1165 dann in Lambers eigens eine Synode, auf der katholische Bischöfe mit den Häuptern der Katharer wie mit Gleichgestellten disputierten. Auch das war vergebens. Nun konnte die Kirche nicht länger warten.

Auf dem 3. Laterankonzil (1179) ließ Papst Alexander III. (1159–1181) die Katharer als Ketzer verurteilen und rief alle Gläubigen zu einem »Kreuzzug« gegen sie auf. Jedem, der daran teilnähme, würden zwei Jahre der Buße im Fegefeuer erlassen. Den Fürsten stünde es frei, die Güter der Katharer zu konfiszieren und diese »Ketzer« zu Sklaven zu machen. Zum ersten Mal in der Geschichte wurde 1179 das kriegerische Mittel eines »Kreuzzuges« gegen andersdenkende Christen erprobt. Aber es führte nicht zum Erfolg. Der hohe Adel Südfrankreichs machte nicht mit. Die Katharer streuten weiterhin den Samen ihrer Lehre aus.

Erst mit Innozenz III. (1198–1216),[31] dem machtvollsten Papst des hohen Mittelalters, wurde dem Katharertum ein schreckliches Ende bereitet. Er veranlaßte die Großen Frankreichs zu den »Albigenserkriegen« (1209–1229), die an Grausamkeit ihresgleichen suchen konnten. Die Katharer wurden massenweise hingemordet. Der französische König Philipp II. August (1180–1223) nahm die Gelegenheit wahr, um seine Macht auf Kosten der albigensischen Adligen zu erweitern. Sie wurden auf barbarische Weise vernichtet, und mit ihnen verlor das Katharertum seinen Schutz. Gründlich und restlos wurde es erstickt. Die »Kreuzfahrer« verübten in den Albigenserkriegen so entsetzliche Greueltaten, daß man sie nicht beschreiben

Château de Peyrepertuse – Diese Burg wurde um 1240 als Château Saint-Louis als Fluchtburg der Katharer gegen die »Kreuzzügler« ausgebaut.

mag. Sie wurden nur noch von den Unmenschlichkeiten in den Konzentrationslagern im 20. Jahrhundert übertroffen. Die Albigenserkriege gehören zu den schrecklichsten Kapiteln der abendländischen Kirchengeschichte.

Die Waldenser

In Württemberg gibt es in der Nähe von Pforzheim eine Anzahl von Dörfern, die französisch klingende Namen haben: Pinache, Dürrmenz, Lucerne, Serres, Corres, Perouse. Man könnte meinen, dies wären vielleicht einmal Hugenottensiedlungen gewesen, von denen es ja nicht wenige in Deutschland gibt. Doch dem ist nicht so. Die Ortsnamen gehen auf Waldenserdörfer zurück, die an der Wende vom 17. zum 18. Jahrhundert als Flüchtlingssiedlungen durch Herzog Eberhard Ludwig (1677–1738) gegründet wurden.

»Lux lucet in tenebris«

Es mag verwundern, daß es am Ende des 17. Jahrhunderts überhaupt noch Waldenser gegeben hat. Das Waldensertum,[32] das sich im Mittelalter von Frankreich her über Deutschland, Böhmen und Norditalien ausgebreitet hatte, war wie das Katharertum in grausamen Verfolgungen bis auf wenige Reste ausgerottet worden. Die Bewegung der »Armen von Lyon«, wie sich die Waldenser nannten, schien endgültig verlöscht zu sein. Aber in entlegenen Alpentälern in der Dauphiné und in Piemont, zwischen Frankreich und dem Herzogtum Savoyen, hatten etliche Tausend von ihnen allen Verfolgungen zum Trotz an ihrem Glauben festgehalten. König Heinrich IV. (1589–1610), der, seine evangelisch-reformierte Herkunft verleugnend, wieder katholisch wurde (»Paris ist eine Messe wert«), erließ 1598 doch wenigstens das »Edikt von Nantes«, das seinen Untertanen Religionsfreiheit zusicherte. Die vielen

Gruppen der Waldenser konnten aufatmen. Ludwig XIV. (1643–1715) hob dieses Edikt 1685 jedoch wieder auf und befahl den »ketzerischen« Bergbauern, entweder das Land zu verlassen oder in die katholische Kirche zurückzukehren.

Da wanderten Hunderte von Waldenserfamilien mit unbekanntem Ziel aus. In sechs Kolonnen zogen etwa 3 000 Waldenser in die Schweiz, und ihre Führer baten protestantische deutsche Fürsten um Aufnahme der Vertriebenen. Landgraf Ernst Ludwig von Hessen-Darmstadt (1667–1739) gab einer Anzahl von ihnen Land im Odenwald und im Rhein-Main-Gebiet,[33] Herzog Eberhard Ludwig wies ihnen Siedlungsgebiete im Württembergischen zu.

Beide Herren zeigten sich weder großherzig noch uneigennützig. Sie brauchten Kolonisten für ihre im Dreißigjährigen Krieg verödeten, unfruchtbar gewordenen Ländereien. Den Waldensern machten sie obendrein mancherlei Auflagen. Aber die einstigen Älpler fanden sich mit den neuen harten Lebensumständen ab. Sie hatten ja ihren Glauben gerettet. Und sie führten Neuerungen in der Landwirtschaft ein, die dem Land von Nutzen waren. Sie waren die ersten, die die Kartoffel in Württemberg anbauten und die »welsche Frucht« bekannt machten. Auch der Name des »Luzerneklees« geht auf die Württemberger Waldenser zurück. Lucerne war eine ihrer Siedlungen.[34]

Wegen ihres südländischen Aussehens und ihrer fremden Sprache blieben sie noch generationenlang Fremde in Hessen und in Württemberg. Sie feierten ganz andere Gottesdienste. Sie hatten andere Gebete. Sie sprachen ihr »Patois«. Erst nach langer Zeit verschmolzen sie mit den evangelischen Landeskirchen. Aber sie behielten ihre eigenen Kirchengebäude, und noch heute kann man diese daran erkennen, daß sich in oder an ihnen irgendwo das Waldenserwappen findet. Es zeigt einen Leuchter auf der Bibel, von sieben Sternen umgeben, und den Spruch: »Lux lucet in tenebris« – das Licht leuchtet in der Finsternis.

Der Mann, der Waldes hieß

Das Waldensertum hat seinen Ursprung in der Stadt Lyon. Das bürgerliche Leben in der hochmittelalterlichen Städtekultur und die Waldenser sind untrennbar. In Lyon, damals eine der größten Städte Europas mit fleißigen Handwerkern und reichen Kaufherren, hatte schon das Katharertum Wurzeln geschlagen, als dort die gotische Kathedrale gebaut wurde. Die Stadt war reich und voller Betriebsamkeit.

Hier geschah es nun (zwischen 1170 und 1180), daß ein angesehener Bürger plötzlich in aufsehenerregender Weise von sich reden machte. Er vollzog eine radikale Sinnesänderung, gab seinen Reichtum auf und wurde ein »Armer« unter Armen. Ein weiteres Beispiel für die »Armutsbewegung«, die wir schon bei Arnold von Brescia und den Katharern kennengelernt haben.

In den lateinischen Quellen nannte man ihn Valdesius oder Valdusi, in der Volkssprache Valdes oder Vaudès. Im Deutschen bürgerte es sich später ein, von Petrus Waldus zu sprechen. »Petrus« war gewiß nicht sein Taufname. Er wird in den alten Dokumenten nie so genannt. Erst im 14. Jahrhundert begann man, ihn Petrus zu nennen. Als die Waldenser Predigtverbot erhalten hatten und dennoch unerschüttert weiter predigten, haben sie sich unter Berufung auf Waldes mit dem Petruswort aus der Apostelgeschichte gerechtfertigt: »Richtet ihr selbst, ob es vor Gott recht sei, daß wir euch mehr gehorchen als Gott.« (4,19) So erklärt sich wohl der Ehrenname Petrus für Waldes.

Er hat nichts Schriftliches hinterlassen, und seine ersten Anhänger und Gefährten haben keine Heiligengestalt aus ihm gemacht. Als er gestorben war, interessierten sich die Chronikschreiber für ihn und sammelten, was man sich im Volk von ihm erzählte.

In einer dieser Geschichten kommt er gerade aus der Messe und hört einem »Joculator« zu, der inmitten der Volksmenge ein ergreifendes Lied singt. Ein Joculator war ein fahrender

Sänger, der von Stadt zu Stadt zog und Lieder von Heiligen und von ehrwürdigen Begebenheiten sang. Waldes erfährt nun von diesem Joculator die Legende von dem altchristlichen Heiligen Alexius, der als vornehmer Mann in Rom gelebt hat, plötzlich aber all seinen Reichtum aufgab und zu den heiligen Stätten Jerusalems pilgerte. Zurückgekehrt hat ihn niemand mehr erkannt, und er ist in großer Armut gestorben. Waldes, so will es diese Überlieferung, sei durch das Lied des fahrenden Sängers so erschüttert worden, daß er beschloß, auf seine reiche Habe zu verzichten und in »apostolischer Armut« zu leben.

Einer anderen Chronik zufolge soll Waldes einmal mit einem Priester über seine Seelennot gesprochen haben. Dieser hätte ihn auf das Evangelium des Matthäus und die Geschichte vom reichen Jüngling verwiesen: »Wahrlich, ich sage euch: ein Reicher wird schwer ins Himmelreich kommen.« (Matth. 19,23)

In späterer Zeit will ein Chronist wissen, daß Waldes durch den jähen Tod eines Freundes bei einem Festmahl tief erschrocken sei und nach wochenlanger Unsicherheit den Entschluß zur Umkehr und zur Änderung seines bisherigen Lebens gefaßt habe.

Was wir aus diesen Erzählungen mit Sicherheit schließen dürfen, ist das Folgende: Waldes muß ein sehr wohlhabender Bürger gewesen sein und eine plötzliche Erweckung im Zusammenhang mit dem Evangelium erfahren haben. Er ist in der Stadt Lyon dem Christus der Evangelien begegnet. Fest steht, daß Waldes sich Teile der lateinischen Texte der Vulgata in die Volkssprache übersetzen ließ, um sie verstehen und nach ihnen leben zu können. Er war so erfüllt von seiner Entdeckung, daß er sie seinen Freunden mitteilte, die sie wiederum begeistert weitergaben. Sie glaubten, ein völlig neues Christentum zu erfahren, indem sie das Evangelium unmittelbar sprechen hörten.

Waldes machte seine Freunde und Bekannten zu Bibellesern, und er ging noch weiter. Er entäußerte sich aller seiner Reichtümer, verteilte seinen Besitz unter die Armen und lebte plötzlich nur noch von Almosen.

Was ihn von vielen seiner Zeitgenossen unterschied, war nicht die freiwillige Armut, die ja auch jeder gelobte, der als Mönch in ein Kloster eintrat. Und von der Nachfolge Christi in »apostolischer Armut« waren auch die Katharer erfüllt. Waldes aber scheint seinem Armutsideal einen anderen Charakter gegeben zu haben. Er maß ihm nicht den Wert eines persönlichen Schulungserlebnisses bei oder eines gottgefälligen Werkes. Er verachtete einfach jeden materiellen Wohlstand. Er wollte leben, wie die Jünger lebten, und das Evangelium verkündigen wie sie.

Die »Armen von Lyon«

Waldes muß durch seine Kühnheit, das Evangelium in der Sprache des Volkes den Menschen nahezubringen, sehr anziehend auf andere gewirkt haben, die wie er auf der Christussuche waren. Bald sammelte sich eine kleine Gemeinschaft um ihn, der er die Bergpredigt (Matth. 5, 3 ff.) auslegte. Als die »Armen im Geist« (pauperes spiritu) wollten die ersten Waldenser leben. Aber an den Lehren der Kirche wollten sie nichts ändern. Sie waren nur darauf bedacht, die ursprüngliche Reinheit dieser Lehren wiederherzustellen, wie das auch alle anderen »Ketzer« stets gewollt haben.

Waldes gab den »Armen von Lyon« jedoch einen Missionsauftrag. Sie sollten die »Frohe Botschaft« des Evangeliums unter das unwissende Volk bringen. Sie sollten es zu einem wahrhaft christlichen Leben aufrufen. Die Aussendungsrede Christi an seine Jünger (Matth. 10) war dabei für ihn maßgebend: »Ihr sollt nicht Gold noch Silber noch Kupfer in euren Gürteln haben, auch keine Tasche zur Wegfahrt, auch nicht zwei Röcke, keine Schuhe, auch keinen Stecken...« Es waren Männer und Frauen aus allen Bevölkerungskreisen, Kaufleute und Handwerker und sogar einige Priester, die immer zu zweit in Stadt und Dorf von Haus zu Haus gingen und das Evangelium predigten. In grobes Leinen und einfaches Tuch gekleidet wurden sie Wanderapostel mit dem Ziel, jedermann in der Heiligen Schrift zu unterweisen. Das war ganz neu für die Menschen. Was die Gläubigen in der Kirche nie hörten, weil alles in Latein verlesen wurde, das hörten sie jetzt in ihrer Sprache. Die Gleichnisse, die Reden Jesu, die Verheißung des Weltendes, die Passion und Auferstehung, das alles wurde zu gedanklicher Empfindung, weil es ihnen verständlich wurde. Das mußte für den Klerus ein umstürzlerischer Vorgang sein.

Die Waldenser waren kein Geheimorden wie die Katharer. Als eine freie Vereinigung von Laien brachten sie das Evangelium unter das Volk. Sie predigten auf öffentlichen Plätzen vor Kirchen und Kathedralen, nahmen die Sakramente der Kirche, gingen regelmäßig zur Messe und schlossen sich in keiner Weise vom bürgerlichen Leben der Zeit aus. Die elitäre Askese der Katharer war ihnen fremd. Sie waren nicht wie diese eine christliche Gemeinschaft mit hierarchischer Gliederung und eigenen Ritualen. Sie waren auch unfähig, in beratenden Versammlungen mit Vertretern der Kirche zu streiten. Weil sie ungelehrte Leute waren, wurden sie anfangs vom Lyoner Erzbischof Guichard sogar wohlwollend behandelt, vielleicht weil er sie als Gegenkraft zu den Katharern betrachtete. Doch es kam bald zu Differenzen über die Frage der »Laienpredigt«, die vom Erzbischof nicht geduldet werden konnte. Predigen sei Sache der geweihten Priester, meinte er. Die Waldenser hätten es zu unterlassen. Sie kümmerten sich nicht um sein Verbot und predigten weiter.

Als das 3. Laterankonzil 1179 einberufen wurde, machten sich einige der »Armen von Lyon« vertrauensvoll auf den Weg nach Rom. Das Konzil verurteilte die Katharer. Die Waldenser blieben noch verschont. Möglicherweise ist sogar Waldes selbst auf der großen Kirchenversammlung gewesen; er soll vom Papst empfangen worden sein. Ein Verdammungsurteil über ihn und seine Gefährten wurde nicht gefällt. Ihre Sache wurde aber in die Kompetenz des Erzbischofs von Lyon zurückgegeben.

Trotz der Enttäuschung auf dem Konzil kehrten die »Armen von Lyon« in ihre Heimatstadt zurück, fest entschlossen, auch gegen den Willen des Erzbischofs das Evangelium zu verkünden.

Erst seit einigen Jahren wissen wir durch das Bekanntwerden einer alten Quelle, daß Waldes ein Glaubensbekenntnis verfaßt hat, das seine völlige Übereinstimmung mit den kirchlichen Lehren beweist (»Profession de fois de Valdès«).[35] Er muß es aufgesetzt haben, als um 1180 der päpstliche Legat Henri de Marey in Südfrankreich erschien, um die Katharer zu bekämpfen. Waldes wurde von ihm nicht zum Ketzer erklärt.

Der Ungehorsam, mit dem er und die »Armen von Lyon« sich über das Predigtverbot ihres zuständigen Erzbischofs hinwegsetzten, wurde ihnen aber zum Unheil. Die französischen Bischöfe setzten sie 1184 auf die Liste der verdammenswerten Bewegungen. Sie wurden aus Lyon vertrieben, führten ihre Tätigkeit aber im Languedoc fort, wo sie zwar verdächtigt, aber noch nicht verdammt waren. Von nun an machten die Waldenser eine grundlegende Erfahrung. Die beginnende Unterdrückung der verstreuten »Armen von Lyon« ließ sie in Berührung mit anderen, sehr viel radikaleren Ketzergruppen kommen. So wurde aus der frommen, kirchlich orientierten Erneuerungsbewegung eine Protestbewegung größten Stils, Papst Lucius III. (1181–1185) hat sie exkommuniziert.

Die »Lombarden«

Von Südfrankreich aus verbreiteten sich die waldensischen Auffassungen von der Kraft der evangelischen Wahrheiten und vom Leben in der »apostolischen Armut« bald schon über die Alpen. Sie erreichten somit eine Landschaft, in der schon die »Pataria«, jene Volksbewegung des 11. Jahrhunderts, sozialreligiöse Unruhe verursacht und wo Arnold von Brescia die Massen erregt hatte. Die Lombardei stand damals in voller wirtschaftlicher Blüte. In ihren Städten war allenthalben noch der Geist des Widerspruchs gegen den Klerus der Kirche zu spüren. Die Katharer waren dort in großer Zahl schon wirksam geworden, und die »Arnoldisten« hielten an der Trennung von Kirche und weltlicher Macht auch nach Arnolds Ketzertod unverändert fest. Zwischen Katharern und Arnoldisten machte sich nun das Waldensertum breit.

Die »Armen von Lyon« wurden hier zu »lombardischen Armen« (pauperes Lombardi) und gingen einen anderen Weg als die ursprünglichen Waldenser. Zwar achteten die »Lombarden« Waldes und seine Wanderpredigt, aber sie eiferten ihr nicht nach. Nicht die Aussendungsrede des Christus Jesus (nach Matth. 10) war ihr biblischer Bezugspunkt, sondern das urchristliche Leben in der Gemeinde, wie es ihnen in der Apostelgeschichte (1–4) verbürgt schien. Die »lombardischen Armen« wollten wie die ersten Christen leben, aber nicht als Prediger, sondern als Diener des Nächsten innerhalb ihrer Gemeinschaft. In der »societas valdesiana« der Lombarden waren vor allem kleine Handwerker und Arbeiter aus den Betrieben der großen Webereien Mailands und anderer oberitalienischer Städte vereinigt. So entstand bei den lombardischen Waldensern ein ausgeprägter Sinn für die organisatorische Zusammenfassung ihrer Gruppen. Sie erstrebten eine feste Ordnung und also auch eine verantwortliche Leitung durch eine charismatische Persönlichkeit. Johannes von Ronco wurde von ihnen zum lebenslänglichen Repräsentanten ihrer Bruderschaft gewählt.

Waldes war über diese Entwicklung des lombardischen Waldensertums sehr beunruhigt. Es schien ihm, daß Johannes von Ronco sich von der ursprünglich ungezwungenen Frömmigkeit und Freiheit der »Armen von Lyon« entfernt habe. Er warf ihm Verrat vor. So kam es 1205 zu einer inneren Krise im Waldensertum und schließlich zum Bruch zwischen den »Franzosen« und den »Lombarden« (1210).

Indessen war Innozenz III. (1198–1216) zum mächtigsten Papst der mittelalterlichen Kirche aufgestiegen. Er hatte 1208 zum »Kreuzzug« gegen die Albigenser (Katharer) und zur Ausrottung aller »Ketzer« aufgerufen. Die blutigen Albigenserkriege wüteten zwanzig Jahre lang in Südfrankreich. Sie zer-

Der Bischof von Mailand vertreibt die Ketzer (Waldenser) – Relief der Porta Romana, 13. Jahrhundert.

störten auch die Waldensergemeinden im Languedoc. In dieser Zeit qualvoller Unterdrückung und während noch die Scheiterhaufen der Inquisition in Frankreich brannten, fanden die zerstrittenen Waldenser zu sich selbst. Im Jahr 1218 trafen sich sechs Abgesandte der »Armen von Lyon« mit sechs Vertretern der »Armen aus der Lombardei« zu einer heimlichen Zusammenkunft in einem Bauernhaus bei Bergamo. Die symbolträchtige Zwölfzahl war ihnen dabei von großer Bedeutung.

In Bergamo wollten die Waldenser einen neuen Anfang machen. Ein Brief, den sie an deutsche Waldenser schrieben, berichtet über ihre Begegnung in der Bauernhütte und wie sie dort angesichts der Verfolgung zur Überbrückung ihrer Unterschiede gekommen sind.[36] Sie haben so lange miteinander gesprochen, bis sie zur gegenseitigen Verständigung fanden. Der missionarische Geist der »Armen von Lyon« wurde nicht mehr als Gegensatz, sondern als Ergänzung zu dem realistischen Verhalten der »lombardischen Armen« empfunden. Man einigte sich.

Die Spaltung war ja nicht an unterschiedlichen Auffassungen über das Evangelium entstanden. Sie war an der Frage der Arbeit aufgebrochen. Für Waldes war Arbeit eine Fessel, eine Versuchung zum äußeren Besitzerwerb. Für die »Lombarden« war sie so selbstverständlich wie für den Apostel Paulus, der sich sein Brot durch Weben verdient hat. So waren die »Lombarden« seßhafte Waldenser geworden, bar jeder Euphorie. In Bergamo erkannten sich beide Zweige des Waldensertums gegenseitig an. Gemeinsam war ihnen die Verwerfung des Eides, des Krieges, der Seelenmessen, des Fegefeuers und der Ablässe. Ihr wichtigstes Gebet war das Vaterunser.

Die Begegnung von Bergamo stärkte das Waldensertum, das fortan im Verborgenen lebte, nicht mehr auf der Straße predigte, dafür aber seine Aufgabe in einer Welt geheimer nächtlicher Zusammenkünfte erfüllte. Der Gottesdienst bestand aus dem Lesen und der Meditation von Evangelientexten. Im Gegensatz zum »Ave Maria«, das damals gerade aufkam, beteten sie in ihren verborgenen Gottesdiensten an die zwanzigmal und kniend das Vaterunser. Ohne es zu wollen wurden sie auf diese Weise für die nächsten Generationen zu einer Untergrundkirche.

Sie entkamen der Inquisition, verließen ihre angestammten Wohnstätten und suchten die Verborgenheit. In den kargen Alpentälern Italiens und Frankreichs fanden ganze Waldensergruppen Zuflucht und lebten dort unerkannt und ungehindert fort, bis ihnen unter Ludwig XIV. Ende des 17. Jahrhunderts das Verderben drohte. Vereinzelte Waldenser und kleine Grüppchen gingen schon im 14. Jahrhundert nach Böhmen und wurden hier zu einem Ferment der beginnenden böhmischen Reformation, die dann in Jan Hus ihren Höhepunkt erreichen sollte.

Das Waldensertum ist nie erloschen. Noch heute lebt es – in Italien. Dort traten 1848, in dem Jahr der europäischen Revolutionen, die Waldenser wieder in Erscheinung. Sie konnten sich als »Evangelische«, wenn auch in kleiner Zahl, überraschend schnell ausbreiten. Schon 1853 konnten sie eine eigene Kirche in Turin einweihen und in den sechziger bis achtziger Jahren des 19. Jahrhunderts weitere Kirchen in Venedig, Mailand, Rom und Neapel. Es ist immer erfreulich, wenn man heute einem der modernen Waldenserpfarrer begegnet. Sie arbeiten vornehmlich in den Arbeitervierteln in Mailand und in den Elendsgebieten Siziliens. Hier hat Tullio Vinay sein beispielhaftes Werk der »Servizio Cristiano« begründet und durch sein soziales Engagement den Ruf des Evangeliums für die Ärmsten der Armen hörbar gemacht.

Joachim von Fiore
(um 1130–1202)

Eigentlich war er ein »Ketzer«, doch den Ketzertod starb er nicht. Die mittelalterliche Kirche verurteilte eine seiner Schriften als »häretisch« – aber da war er schon tot. Merkwürdigerweise gab sie ihm später sogar den Status eines »Seligen«, hob ihn also auf die Vorstufe, die einer Heiligsprechung voranzugehen pflegt. Die Rede ist von dem Abt Joachim von Fiore.

»Damnanus...«

Die Kirche hatte es nicht leicht mit ihm. Ihr Urteil schwankte zwischen Bewunderung und Verwerfung. Papst Klemens III. (1187–1191) zeigte lebhaftes Interesse an seinen Werken. Innozenz II. (1198–1216),[37] jener selbstherrliche Papst, der die Albigenser ausrotten ließ, einen »Kreuzzug« gegen das christliche Byzanz absegnete, das Priesterzölibat verbindlich machte, die Ohrenbeichte befahl und das Transsubstantiationsdogma verkündete, dieser Innozenz nahm im Unterschied zu Klemens III. Anstoß an Joachim von Fiore. Er ließ dessen (verlorengegangene) Schrift über die Trinität auf dem 4. Laterankonzil (1215) als ketzerisch verurteilen: »Damnanus et reprobamus...« – »wir verdammen und weisen zurück die Schrift, die der Abt Joachim gegen Magister Petrus Lombardus geschrieben hat und nennen die Schrift selbst ketzerisch und unsinnig...«, hieß es in dem Verwerfungsdekret von 1215. Joachim hat das nicht mehr erlebt.

In der Tat hatte er sich gegen die Dogmatik des Petrus Lombardus (gest. 1160) gewandt, und das allein schon kam einem ketzerischen Vergehen gleich. Der »Lombarde«, wie man ihn nach seiner Herkunft aus Novara (Oberitalien) nannte, hatte in Paris gelehrt und war dort als Bischof gestorben. Er ist ein Schüler Abaelards gewesen, dessen kritischen Skeptizismus er aber nicht fortsetzte. Statt dessen näherte er sich dem kirchlichen »Traditionalismus«. Er lehrte, was die Kirche im Lauf der Zeit über Gott, die Kreaturen, die Erlösung, die Sakramente und die letzten Dinge festgelegt hatte. Seine vier Bücher »Sententiarum libri IV« waren das Standardwerk der Kirchenlehre, und sie behielten diesen Rang bis in die Zeit Martin Luthers und der Reformation. Alles, was als rechtmäßiger Glaube galt, war in den »Sentenzen« des Lombarden zusammengefaßt worden.

Joachim von Fiore aber hatte in seiner verurteilten Schrift – sie handelte von der Trinität – eine abweichende Auffassung über die Dreieinigkeit geäußert. Für ihn war es unerträglich gewesen, daß der Lombarde den Glauben an die Kirche höher stellte als die Liebe zu Christus, dem Logos, dem Gottessohn. Die Christuserkenntnis des Joachim war es also, die letztlich zu dem »Damnanus« über ihn geführt hatte.

Vom Notarssohn zum Zisterzienserabt

Joachim von Fiore war ein Mensch des 12. Jahrhunderts, lebte also in der Zeit, in der Katharer und Waldenser von der Suche nach einem neuen Verständnis des Evangeliums ergriffen waren. Er war um 1135 in Kalabrien geboren worden. In Celico dei Cosenza wuchs er als Sohn eines Notars (Schreibers) auf.[38] Vermutlich stand dieser im Dienst eines jener normannischen Adligen, die damals Unteritalien beherrschten. Von sich selbst bekannte er: »Sum homo agricola a juventute mea.« Seine Kindheit verbrachte er demnach auf dem Lande. Schon früh bewegte ihn die Gottesfrage. Er erlebte ja, daß die normannischen Herren in Kontakten zu den Moslems standen, die sie als Gelehrte, Ärzte, oft auch als Ratgeber in ihr

Land gezogen hatten. Das ließ ihn nachsinnen. Mohammed und das Alte Testament – ja. Aber Mohammed und Christus?

Der junge Joachim beschloß, den Islam und auch die griechische Ostkirche mit ihren islamischen Erfahrungen kennenzulernen. Er ging in den Orient und pilgerte auch nach Palästina. Zurückgekehrt vertiefte er sich in die Vulgata, die lateinische Übersetzung der Bibel. Da wußte er, daß er Mönch werden wollte, um den Christus zu suchen. Aber welcher Orden sollte es sein? Der Reichtum und die politische Macht vieler Benediktinerabteien stießen ihn ab. Er ließ sich in den noch jungen Zisterzienserorden aufnehmen, den Armut und härteste Askese prägten. Im Kloster Corazzo nahm er die Kutte, und hier machten ihn seine Ordensbrüder 1177, nach Jahren eines vorbildlich entsagungsvollen Lebens, zum Abt. Aber schon fünf Jahre später (1182/83) verließ er das Kloster und zog sich nach Casamari zurück.

Was war geschehen? Er berichtet, daß ihn einmal, in der Nacht zum Pfingstmorgen, eine geistige Schau erfüllte: »Als ich um die Matutin [Stundengebet nach Mitternacht] aus dem Schlaf erwachte, nahm ich zur Meditation die Offenbarung des Johannes zur Hand... Da durchfuhr plötzlich zu der Stunde, in der unser Löwe vom Stamme Juda [Christus] auferstanden ist, die Helligkeit der Erkenntnis die Augen meines Geistes. Und es enthüllte sich mir die Erfüllung dieses Buches und die symmetrische, innere Bezogenheit des Alten und des Neuen Testamentes.« Er fühlte, daß er zu einer neuen Aufgabe berufen war, und entwickelte nun die ihm eigene Geschichtsschau von der Aufeinanderfolge dreier Zeitalter, in denen die Dreieinigkeit, die göttliche Trinität, ihr Werk am Menschen erkennbar macht.

Die drei Weltzeitalter

Die Geschichte der Menschheit von Abraham bis in seine Zeit schien Joachim in den »beiden Testamenten« geoffenbart zu sein. Im Alten Testament erblickte er das Zeitalter des Vatergottes, wo noch das Licht ferner Gestirne leuchtete und die Synagoge durch Gesetz und Gottesfurcht walten mußte. Es endete kurz vor Christi Geburt.

Dann folgte der »status« (der Zustand) des Neuen Testaments, und der Sohnesgott stieg zur Erde nieder. Diese zweite Weltperiode stand im Zeichen der »Morgenröte«, die dem Sonnenaufgang vorangeht. Da strömte die Gnade des Christus auf die Menschen herab. Die Kirche und der Glaube traten an die Stelle von Synagoge und Gottesfurcht. Mönche und Priester bestimmten sie. Doch auch dieser »status« hat seine Zeit. Analog den 42 Generationen, die zwischen Abraham und Christi Geburt gezählt wurden, sollten es nach Joachims Auffassung wiederum 42 sein, die das Zeitalter des Sohnes umfassen. Demnach stand die dritte Weltperiode, die des Heiligen Geistes, unmittelbar bevor. Aus der Morgenröte wird dann die Tageshelle der Sonne werden und Geisterkenntnis an die Stelle des Glaubens treten: In vollkommener Freiheit wird eine »ecclesia spiritualis«, eine »Geistkirche«, geboren werden.

Im Zeichen des Heiligen Geistes werden Welt und Menschen sich wandeln. Vorher aber wird der Antichrist erscheinen und furchtbare Kämpfe in Kirche und Welt verursachen.

Im Unterschied zur kirchlichen Deutung der Apokalypse des Johannes, wonach der Antichrist erst am Ende der Welt kommen wird, läßt Joachim ihn bereits mit Ende der zweiten Weltperiode seine Herrschaft antreten, und das war das eigentlich »Ketzerische« seiner Geschichtstheologie. Er muß den großen Bewußtseinswandel vorhergeahnt haben, der freilich erst im 15. Jahrhundert eintreten sollte, sich aber doch schon viel früher anbahnte. Die uneingeschränkte Herrschaft der Kirche ging ja tatsächlich mit dem Mittelalter zu Ende, und der Antichrist sollte im Verlauf der nächsten Jahrhunderte in einem immer materialistischer werdenden Denken seine Triumphe feiern.

Dieser Entwicklung wollte Joachim die Erwartung des Geistzeitalters entgegensetzen, das nach furchtbaren Katastrophen kommen wird. Der Antichrist kann es nicht verhindern. Die Gewißheit des geistigen Sieges über die Widersachermächte zog Joachim aus seiner ständigen Versenkung in das Buch der Offenbarung des Johannes, wo es heißt: »Und ich sah einen anderen Engel fliegen mitten durch den Himmel, der hatte ein ewiges Evangelium zu verkünden...« (14,6).

Um dieses »Evangelium aeternum« ging es Joachim bei allem seinem Tun und Denken: Die Geschichte hat ihre Abläufe, aber das »ewige Evangelium« überdauert sie, und das österliche Christentum wird durch ein pfingstliches abgelöst werden.

Werk und Wirkung

In drei Hauptwerken hat uns Joachim seine visionäre Geschichtsschau hinterlassen. Sein Studium der Bibel führte ihn zu dem Vergleich des Alten und Neuen Testaments (»Concordia Novi et Veteris Testamenti«). Das Erlebnis in der Pfingstnacht ließ ihn die Apokalypse des Johannes deuten (»Expositio in Apokalypsim« und »Psalterium decem chordatum«).

Nachdem er das Kloster Corazzo verlassen hatte, zog er sich seit 1188 immer mehr in die Einsamkeit zurück und verließ sogar den Zisterzienserorden. Danach entschloß er sich, mit einigen Gleichgesinnten in San Giovanni in Fiore einen neuen Orden, den der »Florenser«, zu gründen. Papst Coelestin III. (1191–1198) bestätigte 1196 sogar seine Selbständigkeit – Verbreitung fand er aber nur in Italien und erlosch im 17. Jahrhundert.

Die Verbreitung der joachitischen Geschichtsschau ging aber nicht von den Florensern aus. Die Franziskaner waren es,[39] die nach dem Tod Joachims von Fiore (1202) seine Lehre von den

68

drei Weltzeitaltern überall bekanntmachten. Der »Minoriten«-Orden des heiligen Franz von Assisi (1182–1226)[40] hatte sich gespalten, und die sogenannten »Spiritualen« glaubten Mitte des 13. Jahrhunderts, das Erscheinen des Antichrist zu erkennen, denn die 42 Generationen des zweiten Weltzeitalters und der alten Kirche waren vergangen.

Gerhard von Borgo San Donnino, ein Schüler des heiligen Franziskus, machte die drei Werke Joachims bekannt und gab sie 1253 unter dem Titel »Einführung in das Evangelium aeternum« heraus. Er erregte damit größtes Aufsehen. Denn viele Menschen lebten damals in großer Ratlosigkeit und Furcht.

Die Kirche war zerstritten, nach dem Tod Kaiser Friedrichs II. (1250) erschütterten Kriege und Rechtsunsicherheit Länder und Reiche, Unterdrückung und Not wurden den Menschen bewußt. Ging der Antichrist nicht um, und kündete das dritte Zeitalter sich dadurch nicht an? Petrus Johannis Olivi (gest. 1298), ein bekannter franziskanischer Theologe, schrieb seine »Apokalypsenpostille« und ließ das dritte Zeitalter mit der notwendigen Verurteilung der römischen Machtkirche beginnen, die für ihn nur noch eine »große Hure« war. Er hoffte auf den Sieg des Lichtes im künftigen Reich des Heiligen Geistes, in dem Gerechtigkeit und Freiheit herrschen werden.

So hatte Joachim von Fiore das Tor zu einer Zukunftsschau aufgestoßen, die weiterwirken sollte und in allen späteren »Ketzereien« bis in die Reformation hinein ihre Spuren hinterließ. Immer sollten Vergangenheit und Gegenwart überwunden und die Hoffnungen auf ein Reich vollkommener Gerechtigkeit gelenkt werden. Das wurde später zum Kennzeichen selbst solcher politischer Utopien, die vom Heiligen Geist nichts mehr wissen wollten.

Konrad Waldhauser
(um 1325–1369)

Mit einem alten Lied, das nach dem Tod Joachims von Fiore
entstand, sang man in Erwartung der Letzten Tage:

> *Höret, ihr Brüder, eine wichtige Botschaft:*
> *Wachet und betet;*
> *denn das Ende der Welt ist nahe herbeigekommen.*
> *Wir müssen uns verpflichtet wissen zu guten Werken;*
> *denn die Welt ist an ihr Ende gekommen.*
> *Tausend und einhundert Jahre sind vergangen,*
> *seit das Ende der letzten Zeit festliegt.*
> *Lassen wir alle unsere Wünsche, denn wir sind am Ende.*
> *Jeden Tag sehen wir die Erfüllung der Zeichen:*
> *Das Böse mehrt sich, und das Gute nimmt ab.*
> *Das sind die Gefahren, von denen die Schrift spricht,*
> *von denen das Evangelium berichtet und Paulus schreibt...*[41]

Man ersieht daraus: Joachim von Fiore hat mit seinen prophetischen Schriften die nachfolgenden Jahrhunderte immer wieder bewegt. Ketzerische Franziskaner, die »Spiritualen«, trugen sie ins 14. Jahrhundert hinein. Selbst der italienische Revolutionär Cola di Rienzo (um 1313–1354), der in Rom eine kurzlebige Republik errichtet hat, war durch die Spiritualen mit der joachitischen Geschichtstheologie vertraut gemacht worden. Die Vorstellung von den drei Weltzeitaltern und vom Erscheinen des Antichrist stand im Hintergrund aller politischen Aktionen Rienzos. Er mußte 1350 vor dem Papst aus Rom fliehen. Im Böhmen Karls IV. (1346–1378) fand er Zuflucht. Nach Böhmen hatten sich auch viele Waldenser begeben, die trotz Verfolgung und Inquisition überlebt und ihr Armutsideal mit joachitischen Gedanken angereichert hatten. Sie lebten im Verborgenen, durchsetzten aber das ganze Land mit Zellen des Widerstands gegen die päpstliche Machtkirche. Böhmen wurde allmählich zum Hort der Ketzerei.[42]

Hier fand der deutsche Augustiner-Chorherr Konrad Waldhauser sein eigentliches Wirkungsfeld.

Der Mann aus Waldhausen

Als Waldhauser 1363 von Karl IV. nach Böhmen geholt wurde, war er bereits ein weitbekannter Sitten- und Reformprediger. Er sollte den Ruf Böhmens als »Ketzerland« begründen helfen,[43] gilt er doch als einer der Vorläufer des Jan Hus.

Nach 1320 in Waldhausen in Oberösterreich geboren und aufgewachsen, trat er später in das dort bestehende Augustiner-Chorherrenstift ein. Er muß demnach eine umfassende Bildung erhalten haben. Von seiner Herkunft, Kindheit und Jugend weiß man nichts. »Waldhauser« heißt Konrad nur nach seinem Geburtsort, vielleicht aber auch nach dem Stift, aus dem er hervorging.

Auf die geistig-kulturelle Bedeutung der Augustiner-Chorherrenstifte konnte ja schon bei der Behandlung des Ketzerschicksals Arnolds von Brescia hingewiesen werden (s. S. 37 ff.). Irgendwann hat Konrad das Stift in Waldhausen verlassen und ist nach Italien gewandert, nach Pavia, das als Zentrum der südalpinen Augustiner galt. Sein Aufenthalt in Italien sollte sein weiteres Leben bestimmen. Er lernte in Pavia die ihm noch völlig fremde Welt des Frühhumanismus kennen.[44] Er sah die künstlerischen Vorformen der Renaissance. Überall nahm er die Hinwendung seiner Zeit zur römischen Antike wahr. Wie man aus seinen uns erhaltenen späten Predigten erkennen kann, muß er sich in Pavia nicht nur in die Werke des Kirchenvaters Augustinus vertieft haben; er hat auch Seneca und die Stoiker eingehend studiert. Und noch mehr. Er muß mit den franziskanischen Spiritualen und demnach mit den Prophezeiungen Joachims von Fiore in Berührung gekommen sein. Auch von Cola di Rienzos Kampf gegen die feudale Adelsherrschaft und für die res publica des Bürgertums muß er in Pavia gehört und ihm zugestimmt haben. In manchen seiner späteren Sermone meint man die Stimme Cola di Rienzos zu vernehmen.

In seine Heimat zurückgekehrt, wußte er, daß er das in Italien Erlebte umzusetzen hatte. Er wollte Kanzelprediger werden. So ließ er sich 1349 zum Priester weihen. Dann zog es ihn aber bald wieder nach Italien. Papst Clemens VI. (1342–1352) hatte ein »Jubeljahr« ausgeschrieben, und so pilgerte Waldhauser nach Rom. Das »Jubeljahr« war eine Erfindung des Papstes Bonifaz VIII. (1294–1303), der es eingerichtet hatte, um im Jahr 1300 die Finanzkassen der Kurie aufzufüllen. Ursprünglich sollten »Jubeljahre« nur zu Beginn eines neuen Jahrhunderts stattfinden, dann aber wurden sie schon nach 50 Jahren wiederholt und später alle 33 und alle 25 Jahre.

Waldhauser erlebte in Rom die unbeschreibliche Geldgier der Kirche, die Verkommenheit der geistlichen Würdenträger, den Ablaßhandel und den Ämterkauf (Simonie). Von dem Treiben der Kirche und den Verhältnissen in der »ewigen Stadt« abgestoßen, wurde er schon in Rom zum Sitten- und Reformprediger. Hatte nicht schon Joachim von Fiore von einer »Geistkirche« gesprochen? Wo war sie zu finden? Waldhauser wußte, daß er ihr den Weg zu bereiten hatte. So wurde er zu ihrem enthusiastischen Verkünder, aber auch zum unerbittlichen Kritiker der bestehenden Kirche.

Als er wieder in Deutschland war, wurden seine Predigten überall mit großer Zustimmung aufgenommen. Bald war er ein allerorts gesuchter Kanzelredner. Irgendwann muß er nach Wien gekommen sein, wo seine Predigten dank ihrer Aufrichtigkeit und schonungslosen Abrechnung mit den Mißständen in Kirche und Gesellschaft großen Zulauf erhielten. Als Augustiner-Chorherr lebte er nun im Stift Neuhausen, wirkte aber wahrscheinlich auch an der Domschule St. Stephan, aus der später die Universität Wien hervorgegangen ist. In seinen Predigten griff er nicht nur den Ämterkauf in der Kirche an, sondern auch die Bettelmönche, die entgegen dem Auftrag ihrer Gründer (Franziskus von Assisi und Dominikus) nach der Bereicherung ihrer Klöster durch Grundbesitz und Geldschenkungen trachteten. Die Bürger Wiens stimmten ihm zu, denn er sprach ihnen aus dem Herzen. Bald zog er sich aber den Haß der Franziskaner zu, die ja auch längst schon ihre Spiritualen aus dem Orden verstoßen hatten.

Berufung nach Prag

Johann von Neumarkt, der Leiter der Reichskanzlei Karls IV., muß von Waldhausers Wiener Predigten erfahren haben. Jedenfalls besitzen wir einen Briefwechsel zwischen den beiden Männern, der aus den Jahren 1360–1362 stammt. Johann von Neumarkt, der Waldhauser seinen »Meister« nannte, muß Karl IV. auf ihn aufmerksam gemacht haben. Waldhauser wurde zu Predigten nach Prag eingeladen, die er in der Osterzeit des Jahres 1363 dort gehalten hat. Kaiser Karl IV., immer bestrebt, bedeutende Gelehrte, Künstler und hervorragende Geistesmänner in seine Residenzstadt zu ziehen, holte Waldhauser mit Hilfe des Erzbischofs nach Prag.[45] Anfangs predigte er in der Galluskirche, später in der großen Teinkirche am Altstädter Ring. In St. Gallus bekam er Kontakte zu den Studenten des »Collegium Carolinum«, denn die Kirche lag gegenüber dieser von Karl IV. 1348 gegründeten Universität, der ersten auf mitteleuropäischem Boden. Die Studenten versammelten sich regelmäßig zu seinen Predigten, sie entdeckten in ihnen frühhumanistische Gedankengänge, wagte Waldhauser es doch, den Kirchenvater Augustinus mit Seneca in einem Atemzug zu nennen. Aber auch mit seinen kirchenreformerischen Forderungen begeisterte er die Studenten. Aus dieser Zeit stammt die »Studentenpostille« (»Postilla studentium Pragensis«), eine Sammlung von Musterpredigten für künftige Geistliche. Seine Sermone müssen nicht nur die Studenten angesprochen haben, sondern auch viele Bürger der Stadt. Denn die Galluskirche war bei seinen Predigten so überfüllt, daß er unter freiem Himmel reden mußte.

Sein Auftreten in Prag galt in erster Linie dem Kampf gegen Luxus und Sittenlosigkeit von Mönchen und wohlhabenden Bürgern. Er redete temperamentvoll und deutlich und scheute sich auch nicht, während seiner Predigten vor der Galluskirche reichen Bürgerinnen ihren Kopfschmuck vom Kopf zu ziehen. Immer wies er auf die Armen hin, die ein elendes Dasein in den lichtlosen Seitengassen des »goldenen Prag« fristeten. Nichts konnte ihn aber mehr erzürnen als das Leben der Franziskaner, die unter dem Vorwand ihrer Armut bettelten, in Wahrheit aber Reichtümer für ihre Klöster horteten. Trieben sie nicht Spott mit dem Namen des Stifters ihres Ordens? Hatte Franziskus ihnen nicht das heilige Leben eines von dem Christus erfüllten Menschen vorgelebt? Waldhauser konnte seinen Zorn kaum dämpfen, wenn er die Prager Franziskaner betrachtete. Grimmig waren seine Vorwürfe. Er wetterte gegen ihre Praktiken, nur solche Novizen in den Orden aufzunehmen, die ererbten Grundbesitz mitbrachten. Je mehr die Prager Bürger Waldhauser zuliefen, um so größer wurde die Wut der Bettelmönche. Sie bekamen zu spüren, daß sich ihre Beutel nicht mehr in alter Weise füllten. Es half ihnen nichts, daß sie Waldhauser nach allen Regeln der Kunst diffamierten. Auch als er nicht mehr in St. Gallus predigte, sondern 1365 die Pfarrei St. Maria Tein übernommen hatte, konnte er sich des Zulaufs der Prager Bürger zu seinen Predigten kaum erwehren, und die Bettelsäcke der Franziskaner wurden immer dünner.

Sein Ruf als Reformprediger verbreitete sich über ganz Böhmen und die angrenzenden Länder. Sogar an der Pariser Universität, der Sorbonne, schenkte man ihm Beachtung. Er bekämpfte nicht nur die Bettelorden. Er verlangte eine »reformatio«, eine Erneuerung der ganzen Kirche, und prangerte ihren sittlichen Verfall an. Das machte es den Prager Franziskanern leicht, am 7. Juni 1366 Waldhauser wegen fortgesetzter Häresie beim Papst anzuklagen. Ihre »Articuli contra Conradum« hatten Erfolg. Er wurde nach Rom zitiert.

Das Ende

Noch stand er unter dem Schutz Karls IV. Aber der Kaiser
wollte es mit dem Papst nicht verderben und ließ Waldhauser
1368 den schweren Weg nach Rom gehen. Der wußte, was ihm
dort bevorstand. Zwar fand er in Rom bei Kardinal Grimoard,
dem Bruder von Papst Urban V. (1362–1370), durchaus Unterstützung. Waldhauser machte sich jedoch keine Illusionen
über den Ausgang des eingeleiteten Prozesses. Er verließ 1369
die Ewige Stadt und kehrte nach Prag zurück. Obwohl er noch
immer der Ketzerei angeklagt war, gewährte ihm der Kaiser die
Aufnahme in seine Stadt und schützte ihn vor dem Zugriff der
Inquisition.

Nach wie vor drohte ihm der Ketzertod, denn die Prager
Bettelmönche gedachten nicht nachzugeben. In dieser hoff-
nungslos gefährlichen Lage starb Waldhauser eines natürlichen
Todes in Prag.

Aber schon standen andere bereit, die die Fackel der böhmischen Reformation weitertragen sollten.

Militsch von Kremsier

(um 1325–1374)

Konrad Waldhauser hatte für die Verbesserung der bestehenden Verhältnisse in Kirche und Welt gestritten. Er war ein »Reformer«. Sein Schüler und Freund Militsch (Milič) von Kremsier war mehr. Die »reformatio« des urchristlichen Geistes war sein Ziel. Er war ein »Reformator«.

Beide, Waldhauser und Militsch, waren durch Cola di Rienzo wachgerüttelt worden. Beide ließen sich wie er durch Joachim von Fiore und sein »Ewiges Evangelium« inspirieren. Beide gingen den Weg des »Ketzers« und sind für ihre Überzeugung gestorben.

Im »goldenen Prag«

In der nordmährischen Stadt Kremsier (Komeriž) wurde Militsch (Milič) um 1325 geboren, er war also ein Altersgenosse Waldhausers. Doch anders als diesen zog es ihn nicht in die Theologie. Vielleicht hat er in Olmütz die Lateinschule besucht. Er wollte Notar (Schreiber) werden und Dienste bei Adligen oder Fürsten nehmen. Weil er ungewöhnlich sprachbegabt war und einen glänzenden Schreibstil besaß, wurde er in die Reichskanzlei nach Prag empfohlen.[46] Dort traf er mit Johann von Neumarkt zusammen. Der hatte 1353 sein Bischofsamt in Leitomischl aufgegeben und die Leitung der Kanzlei Karls IV. übernommen. Mehr als zehn Jahre arbeiteten die beiden Männer eng zusammen. Beide waren von der Wirkung beeindruckt, die Cola di Rienzo in Prag hinterlassen hatte.

Durch ihn war der Kreis um Karl IV. mit den apokalypti-
schen Visionen Joachims von Fiore vertraut gemacht worden.
Aber Rienzo brachte den Pragern außer seinen politischen
Ideen vom Kampf gegen den Antichrist auch die Begeisterung
für die altrömische Antike und die Kunst der Rhetorik mit. Als
er 1352 Prag verlassen hatte, wetteiferten die Schreiber der
Reichskanzlei um einen vollendeten Stil, um geschliffene Aus-
drucksform und Klarheit des Wortes in Staatsdokumenten und
Briefen. Militsch, der sprachgewandte junge Notar, war in seinem Element. Protegiert durch Johann von Neumarkt machte
er rasch Karriere, wie wir das heute nennen würden. Obwohl
er geistlichen Standes war, wußte er sich wie ein Mann von
Welt zu benehmen. Karl IV. wurde auf ihn aufmerksam, vertraute ihm diplomatische Unternehmungen an und ernannte
ihn sogar zum »Corrector imperialis litterarum«, d. h. zum
Verantwortlichen für alle kaiserlichen Dokumente. Sein Aufstieg in der Umgebung des Kaisers führte ihn in Kreise, die
geheime Weisheit pflegten und diese auf dem Hintergrund der
joachitischen Prophezeiungen eines kommenden neuen Zeitalters gedeihen ließen. Man wußte: Vieles mußte geschehen,
wenn man dem von Joachim verkündeten Erscheinen des Antichrist gewachsen sein wollte. Mußte der Anfang nicht in der
Kirche gemacht werden? Mußte sie es nicht sein, die dem Wi-
derchrist entgegenzutreten hatte?
    Ende der fünfziger Jahre glaubten der Kaiser und sein Kanz-
ler in dem welterfahrenen und geistig geschulten Militsch einen
Helfer gefunden zu haben, der wenigstens im Prager Erzbistum die Grundlagen für das Künftige legen konnte. Militsch
schied aus der Reichskanzlei aus und wurde 1361 mit Hilfe des
Erzbischofs Ernst von Pardubitz als Kanoniker in das Domkapitel des St.-Veit-Doms eingewiesen. Dieses Gremium war
Mittelpunkt und Schaltstelle des kirchlichen Lebens in Prag.
Der Klerus (griech. kleros – Anteil an der Kirche) der Erzdi-
özese orientierte sich am Domkapitel.

Im Dienst der Kirche

So wurde Militsch nun Domherr. Bereits 1362 erhielt er die
einflußreiche Stelle eines Erzdiakons. Das hätte ihm eine glän-
zende Laufbahn im Dienst der Kirche eröffnen können. Aber
was er im Domkapitel erlebte, ließ ihn erschrecken. Er mußte
in moralische Abgründe sehen, die er vorher kaum geahnt
hatte. Die Domherren überboten sich in derber Lebensgier
und nackter Geldsucht. Der Domprobst, sein unmittelbarer
Vorgesetzter, hatte sich eine »Hurenpforte« in seinen Palast
einbauen lassen, und im Kirchenvolk wußte man davon. Trotzdem ließen sich Prags Bürger von der geheuchelten Frömmigkeit des Klerus blenden und finanziell ausbeuten. Militsch war
ratlos, ja verzweifelt.

Da wollte es sein Schicksal, daß er Waldhauser begegnete.
Sicher hat er dessen Briefwechsel mit Johann von Neumarkt
gekannt, denn alle Briefe waren ja über die Reichskanzlei ge-
laufen. Als nun der österreichische Augustiner in der Fasten-
zeit 1363 selbst nach Prag kam und seine Predigten hielt, wurde
Militsch sein Zuhörer. Vom Antichrist wurde da gesprochen
und dem »Neuen Jerusalem«, das nach der Überwindung des
Versuchers kommen werde. Hatte Militsch solche Dinge nicht
schon mit Johann von Neumarkt besprochen? Er wurde Waldhausers Freund und Mitstreiter. Wie ein Blitz schlugen dessen
Predigten in sein verdüstertes Gemüt ein. Plötzlich wußte er:
Er war dem Antichrist ja längst schon begegnet; denn das ist
doch nicht bloß ein im Jenseits wirkender Geist. Der Antichrist ist mitten unter den Menschen, lebt in ihrem Wesen und
ihren Taten! In der Kirche hatte er sich ein großes Heer gesam-
melt in all den unchristlich lebenden Priestern. Menschen werden seine Opfer, aber durch Menschen vermag Christus über
seinen Widersacher auch zu siegen. Das hatte Waldhauser nicht
gesagt. Militsch war es, der solche Konsequenzen aus den joachitischen Werken und aus eigenen Erfahrungen zog. Er
wollte dem Antichrist christliche Taten entgegensetzen. Er ließ
sich vom Domkapitel dispensieren und ging ein halbes Jahr in

die Einsamkeit des Böhmerwaldes. Hier ordnete er seine aufgewühlte Seele durch Meditation und Gebet. Als er dann wieder in Prag war, wußte er, was er zu tun hatte.

Alle Bitten des Erzbischofs, ins Domkapitel zurückzukehren, schlug er aus. Er ließ sich 1364 eine Predigerstelle in der Prager Altstadt geben. Zusammen mit Waldhauser wollte er den Gläubigen zur Erkenntnis des Antichrist und seines Treibens verhelfen.

Das »Neue Jerusalem«

In seinen Predigten[47] ging es ihm aber nicht nur um den Kampf gegen den Antichrist. Er sprach auch von einer neuen Geistkirche, einem »Neuen Jerusalem«, das erbaut werden müsse, wenn der Widersacher weichen soll. Allen Menschen wollte er das sagen und nicht etwa nur den lateinisch sprechenden Gebildeten. Waldhauser stimmte ihm zu, und so teilten sich beide Männer die Predigertätigkeit in der Stadt. Waldhauser predigte lateinisch und deutsch, Militsch lateinisch und tschechisch.

In Latein predigte Militsch vor allem wegen der Studenten, die aus der Universität in seine St. Nikolaus-Kirche kamen. Damals studierte Gert Groote (um 1340–1384), der große Niederländer, in Prag und wird Militsch gehört haben. Militschs lateinische Predigten wurden von den Studenten mitgeschrieben und weitergegeben. So entstand 1366 eine Sammlung der Handschriften, die unter dem Titel »Abortivus« (»Unausgereifte Frucht«) in Umlauf gesetzt wurde. Was da zu lesen war, klang sehr »ketzerisch«. Militsch aber glaubte, daß man eigentlich das Oberhaupt der Kirche, den Papst in Rom, dazu bringen müsse, das Treiben des Antichrist in der Kirche zu bekämpfen.

Er machte sich 1367 auf den Weg nach Italien. Aber Papst Urban V. (1362–1370) weilte noch in Avignon,[48] als Militsch die Ewige Stadt betrat. Militsch mußte warten. Erst Wochen später traf Urban in Rom ein. Was Militsch in der Zwischenzeit erlebte, stellte die Verkommenheit des Prager Klerus in den Schatten. Rom war der Hauptsitz des Antichrist! Er mußte das aussprechen. So stellte er sich auf den Platz vor der Peterskirche und fing zu predigen an. Prompt wurde er von den Schergen der Inquisition ergriffen und in Klosterhaft gebracht. Als der Papst dann in Rom eintraf, ließ man Militsch frei. Kardinal Grimoald, der Bruder des Papstes, kannte ihn aus der Zeit, als er noch in der kaiserlichen Kanzlei arbeitete. Grimoald verschaffte ihm eine Audienz beim Papst, bei der dieser versuchte, ihm das Wissen über den Antichrist auszureden. Der Antichrist sei nur ein Symbol, keine geistige Wesenheit. Doch Urban V. ließ Militsch laufen. Im Jahr 1368 war er wieder in Prag.

Im gleichen Jahr wurde Waldhauser der Ketzerei angeklagt und nach Rom zitiert. Erneut machte sich Militsch nach Italien auf, um den Freund im Lateran zu verteidigen. Da erfuhr er 1369 von dessen Tod in Prag. Als er wieder in Böhmen war, mußte er seinen Kampf allein weiterführen. Er sammelte junge Prediger um sich, die er als seine »jungen Adler« bezeichnete. Zusammen mit ihnen gründete er in Prag das »Neue Jerusalem«, das dem alten Babylon der Kirche entgegengesetzt werden sollte. Er ging in das verrufene Dirnenviertel der Stadt und sprach zu den ausgestoßenen und verachteten Frauen, die den moralischen Morast am eigenen Leib erfahren mußten. Hier fand er Verständnis für seine Predigten über den Antichrist. Viele der Mädchen und Frauen führte er in ein besseres Leben zurück. Eine Bordellbesitzerin vermachte ihm zwei ihrer Häuser. Auch der Kaiser schenkte ihm ein Haus, ihm folgten viele reiche Bürger, so daß es zum Schluß 29 Häuser waren. Das Stadtviertel regenerierte sich. Militsch nannte es sein »Neues Jerusalem«, für das er sich eine eigene Pfarrei geben ließ. Den Grundstein für ihre Kirche legte er 1372. Sie sollte der großen Büßerin, der hl. Maria Magdalena, geweiht werden. Im »Neuen Jerusalem« lebten Geistliche und Laien gleichberechtigt nebeneinander. Jeder half jedem.

In der großen Veränderung, die mit der neu entstandenen Gemeinschaft eines ganzen Stadtteils sichtbar wurde, erblick-

ten Militschs Gegner eine willkommene Gelegenheit, ihn der
»Ketzerei« zu verdächtigen. Denn woran erkennt man die
Ketzer?

Der Passauer Anonymus[49] wußte es schon um 1270: »Häretiker erkennt man an ihrem Verhalten und ihren Reden. Sie sind
leidenschaftslos und besonnen. Sie treiben keinen übertriebe-
nen Aufwand mit ihrer Kleidung und meiden extravagante
oder gemeine Kleider. Sie treiben keinen Handel, um nicht lü-
gen, schwören oder betrügen zu müssen. Sie leben einzig von
ihrer Hände Arbeit ... Sie hüten sich vor übler Nachrede und
vor vulgären oder nichtssagenden Worten. Sie meiden lügen-
hafte und beschwörende Ausdrücke. Sie sagen nicht ›ehrlich‹
oder ›ganz gewiß‹ und ähnliches, weil sie solche Bestätigungen
wie einen Eid ansehen.«

Aber Militsch erregte nicht nur mit seinem »Neuen Jerusalem« den Ärger der Mißgünstigen. Er führte auch eine ein-
schneidende Veränderung bei der Austeilung der Kommunion
während der Messe ein. In »beiderlei Gestalt« reichte er sie
dar, d.h. auch die Laien erhielten den Kelch. Das war seit dem
4. Laterankonzil (1215) durch Innozenz III. abgeschafft worden. Er verstieß damit also gegen das Kirchengesetz. Die ehe-
maligen Prostituierten, etwa 200 an der Zahl, faßte er außer-
dem in einer religiösen Vereinigung zusammen, die ihren Lebensunterhalt durch Arbeit bestritt. Von dem Leben im
»Neuen Jerusalem« muß der schon erwähnte Gert Groote erfahren haben. Das hat ihn vielleicht sogar zur Gründung der
Gemeinschaft der »Brüder und Schwestern vom gemeinsamen
Leben« in den Niederlanden angeregt.[50]

Militsch zog sich mit seiner Musterpfarrei im verachtetsten
Viertel Prags den Zorn der Bettelmönche zu, die schon Waldenser beim Papst verklagt hatten. Anfang Januar 1374 traf in
Prag eine päpstliche Bulle Gregors XI. (1370–1378) ein. Der
schwer erkrankte Militsch sollte sich in Avignon verantwor-
ten. Karl IV. hatte eine rasche Rücknahme der Anklage gefor-
dert. Aber Militsch war schon vom Tod gezeichnet, als er in
Avignon ankam. Er starb dort im Sommer 1374.

Der Kampf gegen die Herrschaft des Antichrist in der Kirche ging jedoch unaufhaltsam weiter, und der Laienkelch des »Neuen Jerusalem« wurde das Sinnbild der böhmischen Reformation, die von Jan Hus weitergeführt wurde.

John Wiclif
(um 1330–1384)

Die Nachricht von Militschs Tod im fernen Avignon (1374) traf die Prager »Jerusalem«-Gemeinde schwer. Sie fühlte sich verlassen. Aber der große Prediger hatte junge Priester herangezogen, die an seine Stelle treten konnten. In der tschechischen Volkssprache predigend, sagten sie den Pragern, was das Gebot des Evangeliums Jesu Christi ist. Sie verteidigten auch Militschs Empfehlung, die »Laien« sollten wie die Priester das ganze Abendmahl (Brot und Wein) in der täglichen Messe empfangen. Auch nach seinem Tod bildeten seine Anhänger eine Reformgruppe, die der offiziellen Kirche Widerstand bot. Aus ihrer Mitte gingen jene Menschen hervor, die 1391 eine Predigerkirche, die »Bethlehem«-Kapelle, in der Prager Altstadt stifteten.

In dieser Kapelle, die eigentlich eine großräumige gotische Kirche war, wurde tschechisch gepredigt, und den Namen »Kapelle« trug sie nur, weil sie nicht als Pfarrkirche mit einer zu ihr gehörenden Stadtgemeinde bestimmt war. In ihr predigte später Jan Hus, und er predigte den Pragern von John Wiclif, dem großen Engländer. Um seiner Begeisterung für Wiclif willen sollte Hus von der Kirche 1415 als Ketzer verurteilt und in Konstanz verbrannt werden. Von Wiclif führt ein gerader Weg in die Prager Bethlehems-Kapelle und von dort zum Konstanzer Scheiterhaufen. Wie konnte das geschehen? Und wie kam es, daß ein Oxforder Professor, der nie seinen Fuß auf böhmischen Boden gesetzt hat, das ganze Königreich revolutionieren konnte? Wer war dieser Mann, und was machte ihn zum Ketzer?

Wiclif als Student in Oxford

Für den Namen Wiclif gibt es viele Schreibweisen: Wiklif, Wy-
clef, Wyklyff, Wylif usw., aber gemeint ist immer die gleiche
Person. Wir wählen die einfachste Form.

John Wiclif wurde um 1330 als Sohn eines Mannes aus niede-
rem Adel in einem Dorf der Grafschaft Yorkshire geboren.[51]
Um seine Geburtsstätte streiten sich heute noch verschiedene
Orte, aber das ist unwichtig. Wichtiger wäre das Datum seiner
Geburt. Doch zu Wiclifs Zeiten, wie im ganzen Mittelalter,
war das Geburtsdatum ohne Belang. Die Taufe war wesentlicher, aber selbst diese wurde nicht schriftlich vermerkt. Nur an
den Königshöfen, wo schreibkundige Mönche oder Priester zu
Diensten standen, hielt man die Geburtsdaten der Königs-
söhne fest. Von allen anderen Menschen überlieferte man eigentlich immer nur das Todesdatum, den Abschied von dieser
Erde und damit den Beginn eines anderen, neuen Lebens im
Jenseits. So können wir bei allen »Ketzern«, die in diesem
Buch betrachtet werden, immer nur die ungefähre Zeit der Geburt (»um« oder »ca.«) nennen, dagegen fast immer ihr ge-
naues Todesdatum.

Wiclif also muß »um« 1330 geboren worden sein. Seit etwa
1345 taucht er als Student an der Universität Oxford auf. Er
war somit noch sehr jung, als er Studiosus wurde. Doch das
war im Mittelalter ganz normal. Damals gab es in den Städten
noch keine »Bürgerschulen«, und das Latein hatte man daheim
bei einem Priester oder in einer Klosterschule gelernt. Lateinisch lesen und fließend sprechen zu können, war allerdings
die Voraussetzung für die Aufnahme in eine Universität. Nun
kann man gegen das Latein als einer »toten Sprache« mancherlei Einwände erheben. Aber es war und blieb für mehr als tausend Jahre die Sprache, in der sich die Gebildeten ganz Europas, vom Nordkap bis Sizilien, verständigen konnten.

Wiclif wurde Student in Oxford, der ältesten englischen
Universität. Und wie alle damaligen Studenten studierte er
nicht, um bloßes Wissen anzusammeln, sondern um Seelenfä-

higkeiten und innere Erfahrungen zu erüben. Das schloß aber nicht aus, daß mittelalterliche Studenten nicht auch gerne becherten und feucht-fröhliches Beisammensein schätzten.

Wie jeder Studiker seiner Zeit kam Wiclif zuerst an die »Artistenfakultät«. Er hatte erst einmal die »Sieben freien Künste« (septem artes liberales) zu studieren. Zwei Stufen waren dabei zu bewältigen: das Trivium (Grammatik, Dialektik, Rhetorik) und das Quadrivium (Arithmetik, Geometrie, Astronomie, Musik). Erst wenn der Grad eines Baccalaureus erworben war, konnte man Magister werden.

Wiclif scheint sehr lange studiert zu haben. Er erhielt erst 1361 den Titel »Magister in artibus« (M.A.). Vielleicht mußte er sein Studium mehrmals unterbrechen. Denn 1349 ging der »Schwarze Tod«, die Pest, um. Auch die Kriegsereignisse des Hundertjährigen Krieges (1339–1453) warfen ihre Schatten auf die beiden englischen Universitäten in Cambridge und in Oxford. Es war eine harte Zeit.

»Realist« im Universalienstreit

Wiclif vertiefte sich als Magister in die Theologie und wurde später Professor in Oxford. Bald erwarb er sich einen großen Namen, denn er griff in den »Universalienstreit« ein, der damals noch immer an allen europäischen Universitäten tobte.[52] Es war dies eine philosophisch-theologische Auseinandersetzung. Doch man darf nicht vergessen, daß die Theologie immer den Ausschlag gab. Die alles beherrschende Wissenschaft der Scholastik hatte sich lange schon in zwei Lager gespalten, in den »Nominalismus« und den »Realismus«. Worum ging es denn im »Universalienstreit«?

Wiclif war »Realist«, und der scholastische Realist war das genaue Gegenteil von dem, was man heute unter einem Realisten versteht. Denn er vertrat die Auffassung, daß die sogenannten »universalia« – wir sagen heute etwa »Allgemeinbegriffe«, wie z.B. die Welt, der Kosmos, die Menschheit, die

Trinität usw. – geistige Realitäten sind, die unabhängig von unserem Denken existieren. Deshalb nennt man diese Scholastiker, zu denen auch Wiclif zählt, Realisten. Im heutigen Sprachgebrauch wären sie »Idealisten«. Sie sagten: »Universalia sunt realia«. Für die Nominalisten aber waren diese »universalia« nur Namen (»nomen«), die in der Gedankenwelt der Menschen leben. Darüber kam es zu dem lang anhaltenden Streit. Später hatte man für den Kampf um die Universalien kaum noch Verständnis. Ein so bedeutender Gelehrter wie der britische Historiker Thomas Macaulay (1800–1859) konnte in seiner »History of England« über diesen Geisteskampf nur mitleidig sagen, er sei ein Streit um »words and words and nothing but words« gewesen. Zu einem solchen Urteil mußte er kommen; denn was hinter den »words« steckte, konnte er nicht mehr verstehen. Gesiegt hat nämlich im Sinn der äußeren Wissenschaft der Nominalismus.

Man kann es mit Rudolf Steiner auch so ausdrücken: »Hiermit ist auf das treibende Element hingewiesen, das in den neueren Weltanschauungen lebt. In diesen wirkt eine Kraft, welche über den Gedanken hinaus nach einem neuen Wirklichkeitsfaktor strebt... Die Weltanschauungsentwickelung wird in den Jahrhunderten, welche auf die Zeit des Nominalismus und Realismus folgen, zu einem *Suchen* nach dem neuen Wirklichkeitsfaktor.«[53] Und mehr und mehr ist in der späteren Zeit der Geist aus der Wissenschaft hinausgetrieben worden.

Wiclif, der im Hinblick auf die kirchengeschichtliche Entwicklung sehr fortschrittlich dachte – man zählt ihn zu den »Vorreformatoren« –, war philosophisch betrachtet ein ganz mittelalterlicher Mensch. Er stand dem scholastischen Denken des Thomas von Aquin (1225–1274) nahe. Andererseits ging er neue Wege, was das Leben der Kirche und die Einbindung des Menschen in ihre Dogmen betraf. Aber er bekämpfte den Reichtum der Kirche und den unbegrenzten Machtanspruch der Päpste. Das machte ihn von vornherein zum »Ketzer«.

Sein Widerspruch galt sowohl dem Universalimpuls der Papstkirche als auch dem Anwachsen ihrer finanziellen Macht.

Bildnis John Wiclifs, Kupferstich von Johann Conrad Klüpffel
(16. Jahrhundert) – Es ist das einzige bekannte Bildnis John Wiclifs.

So ergab es sich fast von selbst, daß Wiclif, nachdem seine ersten Traktate bekannt wurden,[54] bei den englischen Großen zu hohem Ansehen gelangte. Denn das Finanzgebaren der Päpste hatte ohnehin großen Unwillen in England erregt. Die Lords interessierte zwar, was Wiclif in »De civili dominio« theologisch zu sagen hatte,[55] aber mehr noch fanden sie Gefallen daran, daß er darin auch vermögensrechtliche Fragen ansprach und allein dem König das Recht zuschrieb, »Treuhänder« über die Güter und Menschen des ihm von Gott anvertrauten Landes zu sein. Da die Päpste immer wieder Annaten (Jahrgelder) von England forderten, nahmen die Lords Verbindung zu Wiclif auf und ließen sich von ihm beraten. Das hatte seinen guten Grund.

Im Dienst der Krone

In England hatte schon die Übersiedlung der Päpste von Rom nach Avignon (1309) Unmut erregt. Jetzt führte England den langwierigen, den »Hundertjährigen Krieg« gegen Frankreich, und der Papst stand auf der Seite des Gegners. Das britische Parlament wehrte sich dagegen, die üblichen kirchlichen Gelder an den Papst in Avignon abzuführen. Als es 1374 in Brügge zu Verhandlungen darüber kam, wurde Wiclif als theologischer Sachverständiger der britischen Krone in die englische Delegation aufgenommen. Bei den Verhandlungen legte er Widerspruch gegen die päpstlichen Geldforderungen ein. Die britischen Lords schätzten ihn fortan als zähen Gegner des französisierten Papsttums und als Befürworter einer weitgehenden Unabhängigkeit der britischen Kirche von Rom. John von Gent, der Herzog von Lancaster, wurde sein Protektor, und damit hatte Wiclif die Arena des Kampfes gegen das französische Papsttum betreten.

Durch sein Verhalten in Brügge, vor allem aber durch seine Schrift »De dominio divino« (Von der göttlichen Herrschaft)[56] erwarb er sich das Vertrauen des britischen Hofes. Aber er zog sich auch die Gegnerschaft des englischen Klerus zu, der über seine rigorosen Anschauungen von Kirche und Herrschaft irritiert und verärgert war.

Er bekam Schwierigkeiten an der Universität, wo er ohnehin mit den nominalistischen Kollegen im Streit lag. Der Herzog von Lancaster griff in den Konflikt ein. Er sicherte ihm die geistige Selbständigkeit, indem er ihm die Pfarrei Lutterworth übertrug. Er blieb zwar Professor in Oxford und schrieb in den nächsten Jahren Traktat auf Traktat, aber er entfernte sich dabei immer mehr von den altüberkommenen Lehren der Kirche. Der politische Kämpfer gegen das Papsttum wurde zum religiösen Reformator. Er übersetzte die Vulgata ins Englische, damit das »Gesetz Gottes« allen vertraut würde, und mit Nachdruck vertrat er das Armutsideal. Der Kirche sprach er jedes Recht auf irdischen Besitz ab. Mehr noch als sein Angriff auf das Kirchensystem war es aber seine Christologie und seine Lehre vom Bösen, die die englischen Bischöfe empörten. Christus, so lehrte er, und nur Christus allein ist der Erlöser der Menschen, nicht aber die Mutter Gottes oder irgendein Heiliger, zu denen man betete.

In seiner Schrift »Tractatus de ecclesia«[57] erklärte er 1378, daß »die Kirche eigentlich nicht dargestellt werde vom Papst, den Kardinälen und der Geistlichkeit, sondern allein durch Gottes Erwählung existiert. In dieser Kirche ist Christus das Haupt.« Wenn der Papst nicht durch seine Lebensführung beweise, daß er ein Erwählter sei, könne er nicht die Kirche Christi leiten. Und wenn Papst und Kardinäle nicht demütig in der Nachfolge Christi stehen, dann sind sie eine »Teufelskirche«. Erläßt der Papst im Namen Gottes die Sünden und verkauft er Ablässe, dann sei das schändlicher Mißbrauch seines Amtes. Nur die Barmherzigkeit Christi könne die Sünden vergeben.

Mit dieser Beurteilung der Kirche war Wiclif nicht mehr weit davon entfernt, die allgemeingültige Auffassung von der göttlichen Einsetzung des Papsttums umzustoßen. Das geschah 1379 in dem Traktat »De potestate papae«,[58] in dem er auch davon spricht, daß der Papst sich zu Unrecht als Stellvertreter

Christi ausgebe. Doch Wiclif steigerte nicht nur seine Angriffe auf die Kirche als Institution. Er wandte sich gleichzeitig auch Fragen des kirchlichen Dogmas zu.

In »De eucharistia«[59] ging er auf die Abendmahlslehre der römisch-katholischen Kirche ein. Er äußert in dieser Schrift starke Bedenken gegen das Dogma der Transsubstantiations-(Wandlungs-)Lehre, das von Innozenz III. auf dem 4. Laterankonzil 1215 durchgesetzt worden war.[60] Er zog in Zweifel, daß in der Messe die Wandlung von Brot und Wein in Leib und Blut Christi durch den Priester möglich ist. Brot bleibt Brot, und Wein bleibt Wein. So ist Christus im Altarsakrament nicht »substantialiter« (substantiell), wohl aber »virtualiter« (wirkend) und »spiritualiter« (geistig) anwesend. Die Hostie ist für ihn nur das »Zeichen der Gegenwart Christi«. Doch diese Gegenwart wird nicht durch die Wandlungsworte des Priesters realisiert, sondern durch die mystische Verbindung des kommunizierenden Menschen mit dem Wesen des Christus.

Solche Anschauungen mußten die englischen Bischöfe auf den Plan rufen. Man setzte Wiclifs Namen die Bezeichnung »exsecrabilis seductor« (verfluchter Verführer) hinzu, und bald klagte man ihn der »Ketzerei« an. Aber die englischen Großen und die Bürger von London schützten Wiclif vor dem Zugriff der kirchlichen Behörden.

Doch dann brach 1381 der große englische Bauernaufstand aus. Zu Unrecht machten Wiclifs Gegner ihn dafür verantwortlich, denn er hatte die Bauern nicht dazu aufgestachelt, sich gegen ihre Herren zu erheben. Die sozialrevolutionäre Bewegung war vielmehr der Protest der Unterdrückten gegen den Adel, die Grundherren, die Kirche. Zweifellos haben aber die Führer des Aufstandes wie z. B. Wat Tyler und John Ball verschiedene Schriften Wiclifs gekannt und daraus Folgerungen gezogen. Der Aufstand wurde blutig niedergeschlagen.

Wiclif mißbilligte die Gewalttätigkeiten der leibeigenen Bauern, aber er meinte, daß man ihre Gewalt nicht mit noch größerer Gewalt bestrafen dürfe. Im Unterschied zu Luther, der nach dem deutschen Bauernkrieg von 1525 die Fürsten dazu aufforderte, die »räuberischen« Bauern mit größter Härte zu bestrafen,[61] forderte Wiclif in zwei Traktaten, »Of Servants and Lords« und »De blasphemia«,[62] ein mildes Urteil für die verzweifelten Bauern.

Der Bauernaufstand hatte Folgen für Wiclifs persönliches Leben. John Gent, der Herzog von Lancaster, der Wiclif stets geschützt und gefördert hatte, zog sich von ihm zurück, und William Courtenay, der Erzbischof von Canterbury, Wiclifs erklärter Gegner, gewann Oberwasser. Eine Synode der englischen Prälaten und Bischöfe versammelte sich 1382 in London und verurteilte 24 Sätze aus Wiclifs Schriften als »ketzerisch«. Dieses Urteil sollte später im Streit des Jan Hus mit Papst und Kirche eine große Rolle spielen.

Wiclif aber gab nicht nach. In seinem Traktat »Dialogus oder Der Streit der Wahrheit mit der Lüge«[63] wurde er jetzt ganz deutlich. Er wies darauf hin, daß Christus die Geistlichkeit der Kirche nicht dazu bestimmt habe, materielle Güter und weltliche Herrschaft zu gewinnen. Der gegen ihn entfachte Streit habe seinen Ursprung in der Lüge, und »leibhaftige Teufel« hätten sich des Leibes der Kirche bemächtigt. Die Geistlichkeit sei dem weltlichen Hochmut verfallen, sie habe vergessen, daß im Alten Testament die Priester keine materiellen Güter besessen haben und die neutestamentlichen Wortverkündiger sich durch ihrer Hände Arbeit ernährt hätten wie Petrus, der Fischer, und Paulus, der Zeltmacher. Weil sie die christlichen Gebote nicht halten, seien die Priester eben antichristliche Priester, und der Papst sei ein Lügner, wenn er den Gläubigen etwas anderes einrede.

Die Universität Oxford blieb ihm nun gänzlich verschlossen. Wiclif erkrankte 1382 und verbrachte sein letztes Lebensjahr in der Einsamkeit von Lutterworth. In dieser Zeit verfaßte er sein berühmtestes Werk, den »Trialogus«,[64] in dem er sich philosophisch nach wie vor in völliger Übereinstimmung mit dem scholastischen Realismus befindet und theologisch seine Lehre von der Eucharistie und dem Altarsakrament erneut verteidigt. Er habe niemals die Sakramente entweihen wollen; aber die Firmung und die letzte Ölung lehnte er als unbiblisch ab.

Am 28. Dezember 1384 erlitt er einen Schlaganfall und starb kurz darauf, am Silvestertag. Der »Ketzer von Oxford« hatte in einem fortdauernden Protest gegen die päpstliche Autorität gestanden, ja der Papst war für ihn der verkörperte »Antichrist«. Als dann nach Wiclifs Tod seine Lehren in Prag bekannt wurden, fielen sie auf fruchtbaren Boden. Nach Konrad Waldhauser und Militsch von Kremsier trat der Magister Hus auf.

Jan Hus

(um 1371–1415)

» Deshalb, teurer Christ, suche die Wahrheit, höre die Wahrheit, lerne die Wahrheit, liebe die Wahrheit, sprich die Wahrheit, halte die Wahrheit, verteidige die Wahrheit bis zum Tod. Denn die Wahrheit macht dich frei von der Sünde, dem Teufel, dem Tod der Seele und endlich vom ewigen Tod«, hat Johannes Hus, der »liebe Magister« der Böhmen, einmal gesagt. Er ist für die Wahrheit, wie er sie an der Wende vom Mittelalter zur Neuzeit erkennen konnte, buchstäblich in den Tod gegangen. Der Scheiterhaufen aber, den man in Konstanz für ihn errichtet hatte, wurde zum Zeichen für den Anbruch eines neuen Zeitalters. Das Leben und Sterben des großen Tschechen blieben nicht nur eng mit der Geschichte seines Volkes verbunden, sie galten ganz Mitteleuropa. Hundert Jahre vor Luther ist Hus zum Vorreiter der großen Reformation geworden, die von Luther, Zwingli und Calvin vollendet werden sollte.

St. Nepomuk und Hus

Wer kennt ihn nicht, den St. Nepomuk? Man findet ihn überall, wo es Barock und eine starke katholische Kirche gibt. Aber wer denkt schon an Johannes Hus, wenn er dem barocken Brückenheiligen begegnet? Sie waren Zeitgenossen, der Generalvikar Johann von Pomuk und der Magister Hus. Aber sie hatten nichts miteinander zu tun. Johann von Pomuk wurde um 1381 aus rein politischen Gründen von Anhängern des böhmischen Königs Wenzel umgebracht und in die Moldau geworfen. Er soll versucht haben, die Königin in der Beichte politisch zu beeinflussen. Er hatte wahrscheinlich das Beichtgeheimnis preisgegeben. Niemand weinte ihm eine Träne nach.

Sicher hätte man ihn längst vergessen, wenn man nicht nach dem Flammentod des Hus einen neuen Märtyrer gebraucht hätte. Das Neue, das Hus nach Böhmen gebracht hatte, war nicht mit ihm verbrannt worden. Es wirkte weiter. Und so brauchte die katholische Kirche nach Reformation und Gegenreformation eine Heiligengestalt, die das Bild des Hus endlich aus der Erinnerung des Volkes verdrängen sollte. Legenden wurden um die Person des böhmischen Generalvikars gewoben. 1729 ist er auf Drängen der Jesuiten schließlich heiliggesprochen worden. Und so steht er denn als schwungvolle Barockfigur im Jesuitenhabit auf den Brücken vieler Orte, die wie Prag vor oder nach dem Dreißigjährigen Krieg rekatholisiert worden sind. Kurios, denn Johann von Pomuk starb 150 Jahre vor der Gründung des Jesuitenordens. Man sollte an Hus denken, wenn man den Nepomuk sieht.

Ein Bauernkind aus dem Böhmerwald

Wenn man sich mit Hus beschäftigen will,[65] tut man gut daran, dabei auf die Bemerkungen zu achten, die Rudolf Steiner am 18. Oktober 1918 im einführenden Vortrag zur Vortragsreihe »Geschichtliche Symptomatologie« gemacht hat.[66] Er spricht da im Hinblick auf die Zeit, in der Hus lebte und starb, über »innerliche Ereignisse, die schon mehr im Zusammenhang stehen mit dem die Rinde der menschlichen Seele durchbrechenden Bewußtseinsseelenimpuls. Da sehen wir, wenn wir den Blick zum Beispiel auf das Konstanzer Konzil hin richten, 1415, die Hinrichtung des *Hus*. In Hus sehen wir eine Persönlichkeit, die, ich möchte sagen, heraufkommt wie einem Menschenvulkan ähnlich, in dieser bestimmten Art. 1414 beginnt das Konstanzer Konzil, das über ihn richtet, mit Beginn des 15. Jahrhunderts, gerade mit dem Beginn der Bewußtseinsseelenkultur. Wie steht dieser Hus drinnen im modernen Leben?

Als ein mächtiger Protest gegen die ganze suggestive Kultur des katholischen Universalimpulses. Es bäumt sich in Hus die Bewußtseinsseele selbst auf gegen dasjenige, was die Verstandes- oder Gemütsseele angenommen hat durch den römischen Universalimpuls. Aber im Zusammenhang damit sehen wir – wir könnten auch hinweisen, wie sich das schon vorbereitet hat in den Albigenserkämpfen und so weiter – wie im Grunde genommen das nicht eine vereinzelte Erscheinung ist. Wir sehen ja, wie in Italien Savonarola[67] auftritt, wir sehen, wie andere auftreten: das Aufbäumen der auf sich selbst gestellten menschlichen Persönlichkeit ist es, die durch das Auf-sich-selbst-gestellt-Sein auch zu ihrem religiösen Bekenntnis kommen will. Sie wendet sich gegen den suggestiven Universalimpuls des päpstlichen Katholizismus.«

Als einem »Menschenvulkan« ähnlich wird hier die Persönlichkeit des Hus beschrieben, und man mag sich fragen, wie sich solches Charakteristikum in seinem Lebenslauf erweist. Als Kind armer Bauern wurde er um 1371 in Husinec, einem Dorf im Böhmerwald, geboren. Er muß Gönner gehabt haben, die es ihm ermöglichten, eine Lateinschule zu besuchen und zum Studium der »Sieben freien Künste« an die Universität Prag zu gehen. Dort absolvierte er das »Trivium« und das »Quadrivium« und erwarb 1396 den Grad eines »Magister in artibus«. Danach begann er, Vorlesungen an der »Artistenfakultät« zu halten, studierte Theologie und ließ sich 1400 zum Priester weihen. Zwei Jahre später übernahm er die Predigerstelle an der Bethlehems-Kapelle. Er muß also mit Menschen bekannt geworden sein, die in der Tradition von Waldhauser und Militsch standen. Sie hatten ja diese Predigerkirche gestiftet und waren von reformerischen Absichten durchdrungen. So konnte Hus »im Bethlehem« – wie man das Gotteshaus kurz nannte – auf die Aufnahmebereitschaft seiner Zuhörer rechnen. Er predigte voller Begeisterung über alles, was er in den Schriften des John Wiclif gelesen hatte.

Abschriften der Traktate Wiclifs waren nämlich schon 1401 durch den Magister Hieronymus von Prag aus England nach

Böhmen gebracht worden. Zwischen den Universitäten Oxford und Prag bestanden enge Beziehungen, seit die böhmische Prinzessin Anna 1382 mit dem englischen König Richard II. verheiratet worden war und ein Stipendium für böhmische Studenten an der Universität Oxford eingerichtet hatte. Hus hat selbst einige Traktate Wiclifs abgeschrieben. An den Rand einer seiner Abschriften notierte er: »O Wiclif, Wiclif, du machst so manchem den Kopf wackeln!«, und am Schluß des Wiclif-Traktats über die Universalien schreibt er: »Lieber Wiclif, möge dir Gott sein himmlisches Reich verleihen.« Schrieb er das aus Dankbarkeit, oder wußte er, daß Wiclif unter Ketzerverdacht stand?

Die Kirchenkritik Wiclifs konnte von Hus und seinen Zuhörern jedenfalls nur zustimmend aufgenommen werden, denn in Prag wirkten immer noch die deutschen Predigten von Waldhauser und die tschechischen von Militsch nach. Man kannte sie und auch die visionären Bilder des Joachim von Fiore. Man erwartete den Anbruch einer neuen Zeit. Die Predigten in der Bethlehem-Kapelle wurden zum Stadtgespräch in Prag.

Angeregt von Wiclif entwickelte sich Hus bald zum Kämpfer gegen die päpstliche Machtkirche. So sehr er sich aber auch an Wiclif orientierte, er unterschied sich doch in einem wesentlichen Punkt von ihm. Es war ihm nicht möglich, sich dessen Auffassung vom Altarsakrament anzueignen. Für ihn behielt die Wandlung von Brot und Wein qualitativ immer ihren alten, sakramentalen Charakter. Die Eucharistie war für ihn ein Mysterium. Davon abgesehen wurde aber durch ihn und andere Prediger die Stadt Prag zum Mittelpunkt der Wiclif-Lehren auf dem Kontinent. Da Wiclif im Universalienstreit[68] die Position des »Realismus« bezogen hatte, wurde nun auch an der »Carolina«, der Prager Universität, der Universalienstreit zwischen »Nominalisten« und »Realisten« neu entfacht. Hus wurde zum Hauptvertreter des Realismus.

Bethlehems-Kapelle in Prag (gegründet 1391) – Von den Anhängern des Militsch von Kremsier gestiftet, wurde sie die Predigerkirche, an der auch Jan Hus wirkte.

Hus und die Deutschen

Zwei Berufe übte Hus seit 1402 aus: Er war Prediger an der Bethlehem-Kapelle und Professor an der Universität, bald auch Dekan der Artistenfakultät. Im Jahr 1403 kam es dort zum Streit. Die in der Mehrzahl befindlichen deutschen Magister waren Gegner Wiclifs und also philosophische Nominalisten, die Böhmen aber waren »Wiclifiten« und somit Realisten. Die Deutschen setzten gegen Hus und die Böhmen die Verurteilung von 45 Wiclif-Sätzen durch. Dennoch blieb die Stellung des Hus an der »Carolina« unerschüttert. Souverän bekannte er sich zu Wiclif und zum Realismus. Der Universitätsstreit übertrug sich auf die Stadt. Die böhmischen Bürger waren für Wiclif und Hus, die deutschen standen auf der Gegenseite.

Seine scharfe Kirchenkritik und die Beschäftigung mit dem »Ketzer von Oxford« trugen Hus die Feindschaft des Erzbischofs Zbynko von Hasenburg ein, der sich 1408 an den Papst wandte und jede Beschäftigung mit Wiclifs Traktaten verbieten ließ. Dann kam es 1409 zum offenen Bruch zwischen deutschen und böhmischen Professoren, Magistern und Studenten an der Universität. Hitzige Disputationen fanden statt. Keine Seite gab nach. Die Deutschen waren Nominalisten und Wiclif-Gegner. Die Böhmen mit Hus an der Spitze verteidigten Wiclif und den Realismus. Sie wurden von den Deutschen einfach überstimmt, denn aufgrund der Universitätsverfassung besaßen sie bei Abstimmungen immer die Mehrheit.

Hinzu kam, daß ein kirchenpolitischer Gegensatz das Verhältnis zwischen Deutschen und Böhmen an der »Carolina« belastete. Es gab damals ein Doppelpapsttum. In Rom regierte Gregor XII. (1406–1415), in Avignon saß Benedikt XIII. (1394–1417). Ein »Schisma« innerhalb der katholischen Kirche trennte Königreiche und Fürstentümer je nach der Wahl, die ihre Herrscher zwischen den Päpsten getroffen hatten. Es trennte auch die Hochschullehrer an der »Carolina«.

König Wenzel IV. (1378–1419), Sohn Karls IV. und Bruder Sigismunds von Ungarn, wollte Böhmen aus dem Streit der beiden Päpste heraushalten. Er entschloß sich zur Neutralität und erwartete von seiner Universität, daß sie ihm beistand. Doch er irrte sich. Die deutschen Professoren widersetzten sich dem König, und sie hatten die Mehrheit. Die Universität war bei ihrer Gründung (1348) durch Karl IV. nämlich in »Nationen« aufgegliedert worden. Neben der böhmischen »Nation« gab es drei deutsche »Nationen«: Sachsen, Bayern und Polen-Schlesien. Karl IV. schien es 1348 notwendig, die Deutschen zu bevorzugen. Er wollte möglichst viele Gelehrte aus deutschen Landen nach Prag holen, war er doch 1346 zum deutschen König gewählt worden. Die von ihm gegründete »Carolina« war zudem die erste Volluniversität in Mitteleuropa.

Abstimmungen über Beschlüsse der gesamten Universität wurden immer korporativ nach »Nationen« vorgenommen, so daß die Deutschen stets über drei Stimmen verfügten, die Böhmen aber nur über eine. Als sich nun die »Carolina« für Wenzels Neutralität aussprechen sollte, verweigerten ihm die drei deutschen »Nationen« die Zustimmung. Das Stimmenverhältnis 3 : 1 erwies sich erstmals als höchst problematisch. Da änderte Wenzel 1409 die geltende Universitätsverfassung. Im »Kuttenberger Dekret« verfügte er, daß die Böhmen drei Stimmen und die »Ausländer« nur noch eine haben sollten. Das mußte die deutschen Professoren und Magister empören. Sie zogen zusammen mit ihren Studenten aus Universität und Stadt Prag aus und gründeten eine neue Alma mater in Leipzig (1409). Das war ein einschneidendes Ereignis für Böhmen. Der Auszug der Deutschen aus Prag ist im 19. und auch noch im 20. Jahrhundert oft als Ergebnis eines »Nationalitätenkampfes« gewertet worden. Das trifft nicht zu, wenngleich sich so etwas wie »nationale Impulse«[69] bei dem »Kuttenberger Dekret« und seinen Folgen durchaus bemerkbar machten. Aber Hus dachte nicht »nationalistisch«. Er sagte damals, daß er »einen guten Deutschen mehr liebe als einen bösen Tschechen, und wenn er mein leiblicher Bruder wäre«. Die Abwanderung der Deutschen bedauerte er sehr, obwohl er jetzt nicht mehr mit ihnen über Wiclif und die »Universalien« streiten mußte.

Der Verdammte

Hus trat nun endgültig an die Spitze der reformatorischen Bewegung in Böhmen. Es gab jetzt nicht nur zwei, sondern drei Päpste,[70] und das deutsche Reich hatte seit 1410 vier Könige,[71] nachdem Wenzels Bruder Sigismund auch noch als Kronprätendent aufgetreten war. Verworrener konnten die Zustände in Staat und Kirche nicht sein. Und in Böhmen drohte das Kirchensystem einzustürzen.

Im Verein mit dem römischen Papst Alexander V. (1409–1410) wollte der Prager Erzbischof der revolutionären Unruhe in Böhmen Herr werden. Eine Bulle des Papstes ermächtigte ihn, gegen die Prager Wicliriten vorzugehen. Es kam zu einer öffentlichen »Bücherverbrennung« der Wiclif-Traktate, die herbeizubringen allen Pragern befohlen worden war. Wie wenig durch diese »Bücherverbrennung« erreicht wurde, ist heute noch deutlich zu erkennen: In der Prager Staatsbibliothek befinden sich etwa 300 alte Handschriften der Wiclifschen Traktate, mehr als in England und auf dem Kontinent insgesamt. So müssen viele Böhmen dem Gebot des Erzbischofs getrotzt und ihre Wiclif-Abschriften nicht dem Feuer geopfert haben, das in Gegenwart von Prälaten und anderen Geistlichen im Juli 1410 angezündet worden war.

Zwei Tage später sprach der Erzbischof den Kirchenbann über Hus aus. Er erhielt Predigtverbot. In Prag brodelte es. Nicht nur die Bethlehem-Gemeinde und die Studenten, auch die Bürgerschaft der Stadt ergriff Partei für ihren »Magister«, der weiter predigte und Messe las. Bald stand ganz Böhmen in Aufruhr. Um den Widerstand der Prager zu brechen, wurde 1411 der päpstliche Bannfluch über Hus ausgesprochen, und als auch das nichts half, wurde Ende 1412 über die Stadt Prag das Interdikt verhängt. Welche Wirkung ein Interdikt hat, konnte schon bei der Darstellung des Ketzerschicksals Arnolds von Brescia dargestellt werden. Um Prag von der verheerenden Wirkung des Interdikts zu befreien, verließ Hus 1412 die Stadt. Seine Reformgedanken hatten aber in Böhmen schon so viele

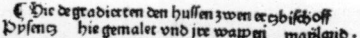

Verurteilung und Verbrennung von Jan Hus, kolorierte Zeichnung aus dem »Concilienbuch« von Ulrich von Richtentahl, Augsburg 1483.

Anhänger gefunden, daß er überall bei Adligen und Bürgern Aufnahme und Schutz fand, wenn er predigend durch das Land zog. Er stand jetzt auf der Höhe seines Lebens.

Im Exil verfaßte er sein theologisches Hauptwerk: »Von der Kirche« (De ecclesia). Es ist lateinisch geschrieben und gipfelt in der Feststellung: »Auch der Papst und seine Kirche können irren«, aber »Christus ist das Haupt der Kirche«.

Auf der Schwelle zur Neuzeit

Hus, der »Menschenvulkan«, brach aus seinem Exil aus. Eines Tages kehrte er heimlich nach Prag zurück. Niemand wußte davon. Er ging 1413 in seine Bethlehem-Kapelle und ließ des Nachts von einem Getreuen die wichtigsten Sätze aus seinem Traktat »Von den sechs Irrlehren« an die Kirchenwand malen. Dann verschwand er wieder. Die Prager konnten nun aber lesen, was der Inhalt der ganzen böhmischen Reformation des Hus war: Absage an die Autorität der Papstkirche, Protest gegen die priesterliche Machtanmaßung, Appell an die christliche Gewissensfreiheit. Das geschah in eben jenem Jahr, das Rudolf Steiner verschiedentlich als den Beginn des fünften nachatlantischen Zeitraums bezeichnet hat. Hus hat 1413 dokumentiert, daß die Schwelle zur Neuzeit überschritten worden war. So ist die Bedeutung des Magisters Hus einzigartig. In einer Zeit, als die Päpste sich noch zur letzten Instanz in Sachen der Wahrheit und des Glaubens erklärten, rief Hus jeden einzelnen auf, die Wahrheit in dem Christus Jesus zu finden. Er mußte dafür mit dem Tod büßen.

Um die Erregung in Böhmen und seinen Nachbarländern zu dämpfen, forderte König Sigismund (1410–1437) Hus auf, seine Lehren auf dem Konzil von Konstanz (1415–1418) öffentlich zu verteidigen. Er sicherte ihm freies Geleit zu. Hus vertraute dem Versprechen. Doch bald nach seiner Ankunft in Konstanz wurde er verhaftet und in den Kerker geworfen. Nach qualvollen Monaten erniedrigender Haft verurteilte das

Konzil am 6. Juli 1415 den »Ketzer« zum Tod. Er wurde verbrannt und seine Asche in den Bodensee gestreut. Eine Welle des Protests lief nach seinem Tod durch ganz Böhmen. Er blieb unvergessen, und noch in der deutschen Reformationszeit (nach 1517) beschäftigte sich Ulrich von Hutten mit Hus. Er schrieb damals die Verse:

Teuer sei uns dein Name vor allen im böhmischen Lande!
Für die Wahrheit im Kampf bist du gefallen dereinst.
Doch unsterblich fürwahr und ruhmreich bleibt dein
    Gedächtnis.
Deinen Namen, o Hus, verwischt niemals die Zeit!

Ein protestantischer Ketzer: Hans Denck
(um 1500–1527)

Wenn etwas »an der Zeit« ist, bedarf die Weltgeschichte oft nur kleiner Anlässe, um große Folgen hervorzubringen. Die Auslösung der Reformation ist dafür ein gutes Beispiel.

Der Dominikaner Johann Tetzel zog seit Anfang 1517 durchs Land, um wieder einmal päpstliche Ablaßbriefe zu verkaufen. Im Kurfürstentum Sachsen war der Ablaßhandel untersagt worden. Aber viele kursächsische Untertanen liefen Tetzel entgegen, um ihre Angst vor den nachtodlichen Feuerqualen zu beruhigen. Die Ablaßpraxis war nichts Neues. Spätestens seit Papst Bonifaz VIII. (1294–1303) hatte man reichlich Gebrauch von ihr gemacht. Auch dieser neue Ablaß, den Tetzel aufdringlich werbend verkaufte, war überall begehrt.

Der Augustinermönch Doktor Martin Luther erfuhr es, wenn er den Wittenberger Bürgern die Beichte abnahm. Da ergriff ihn ein heiliger Zorn. Am 31. Oktober 1517, einen Tag vor dem Allerheiligenfest, schlug er seine 95 Thesen gegen den Ablaßhandel an die Türen der Schloßkirche. Ohne es zu ahnen, brachte er damit einen Stein ins Rollen, der die Geschichte verändern sollte: die Reformation.

95 Thesen verändern die Welt

Tetzel bot den »kleinen Anlaß«, Luthers Tat bewirkte die Folgen. Das konnte geschehen, weil die Zeit für eine Umwälzung in Kirche, Staat und Gesellschaft herangereift war. Dabei hatte alles so bescheiden angefangen. Die 95 Thesen, in lateinischer Sprache verfaßt, waren nach akademischem Brauch lediglich als Einladung zu einem Gelehrtenstreit an der Universität gedacht. Aber zu der Disputation erschien nicht ein einziger Mensch. Die Thesen hatten sich indessen selbständig gemacht, waren von Lateinkundigen ohne Luthers Wissen ins Deutsche übersetzt worden und wurden als Drucke in Windeseile über ganz Deutschland verbreitet.

Luther wußte nicht, wie ihm geschah.[72] Er stand plötzlich im Mittelpunkt des Interesses aller, die seit langem auf eine »reformatio« gehofft hatten. Daß er vollenden sollte, was Hus gewollt, aber nicht erreicht hatte, mußte Luther erst in den nächsten drei Jahren lernen.

Er hatte sich in mönchischer Einsamkeit jahrelang mit der Frage um Sündenschuld und Vergebung herumgequält. Dann gab ihm sein Bibelstudium die Gewißheit, daß Gott ein »gnädiger Gott« ist, der seinen »lieben Sohn« dahingab, damit durch Jesus Christus die Sündenschuld getilgt werde. Das erklärt Luthers Zorn auf den Ablaßhandel. Wenn sein Thesenanschlag im Endergebnis zur Losreißung großer Teile der Christenheit von der katholischen Kirche führte, so war das nur möglich, weil die europäische Menschheit die Schwelle vom Mittelalter zur Neuzeit überschritten hatte und in einem neuen Bewußtsein lebte. Freilich gab es noch viel Mittelalterliches in der Reformation. Zeitepochen brauchen Übergänge. Das hat Luther an sich selbst erfahren; denn nur widerstrebend löste er sich aus den Bindungen an die alte Kirche. Conrad Ferdinand Meyer hat das in »Huttens letzte Tage« sehr schön ausgedrückt:

Sein Geist ist zweier Zeiten Schlachtgebiet,
– mich wunderts nicht, daß er Dämonen sieht.[73]

Ketzer im Protestantismus

Luthers Kampf gegen den Ablaß wurde zu einem Kampf für die »Freiheit eines Christenmenschen«, wie eine seiner drei Reformationsschriften aus dem Jahr 1520 heißt.[74] Das wurde von allen verstanden, die um ihn zitterten, als er mit dem päpstlichen Bannfluch belastet 1521 vor dem Reichstag zu Worms zur Rechenschaft gezogen und für vogelfrei erklärt wurde. Albrecht Dürer schrieb danach aus Antwerpen: »Und lebt er noch oder haben sie ihn gemördert, so hat er das gelitten umb der Wahrheit willen... Ach Gott, was hätt er uns in zehn oder zwanzig Jahren schreiben mögen.«

Luther war nicht tot. Er saß als »Junker Jörg« in kurfürstlicher Schutzhaft auf der Wartburg, wo er das Neue Testament ins Deutsche übertrug. Als er aber von den Unruhen erfuhr, die in Wittenberg ausgebrochen waren, ging er unter Lebensgefahr in die Stadt, um dem Treiben der »Bilderstürmer« und »Schwarmgeister« Einhalt zu gebieten. Andreas Karlstadt (1480–1541),[75] gleich Luther Professor und Prediger in Wittenberg, hatte das Volk dazu gebracht, Meßbücher fortzuschaffen, Priester zu verjagen, Bilder und Plastiken zu zerstören. In Wittenberg hatten Luthers Predigten Erfolg. Aber einen religiösen Revolutionär wie Thomas Müntzer (1484–1525) konnte er nicht überzeugen.[76] Namen wie Müntzer und Karlstadt stehen aber nur für viele andere, die außer Luther oder Zwingli (1484–1531) in der Schweiz[77] neue Wege gehen wollten.

Seit 1520 traten schon die ersten »Taufgesinnten« auf, vor allem in Süddeutschland, die Luther als »Schwärmer« bekämpfte, weil ihm ihre mystisch-spekulative Frömmigkeit fremd bleiben mußte. Daß sie sich auf selbsterlebte göttliche Offenbarungen beriefen, schien ihm gotteslästerlich zu sein. Doch diese »Taufgesinnten« bildeten bald eine regelrechte Nebenströmung im werdenden Protestantismus. Weil sie sich in ein ganz neues Verhältnis zu Christus setzen wollten, glaubten sie, noch einmal eine Taufe nehmen zu müssen, die »Wiedertaufe«. Zu diesem »Täufertum« gehörten der Pfarrer Balthasar Hubmaier aus Waldshut,[78] der Kaplan Ludwig Hätzer in Zürich, Melchior Hoffman in Schwäbisch-Hall, Hans Hut aus Franken und viele andere. Wiedertäufer gab es bald in allen deutschen Gegenden, in der Schweiz, Ostfriesland und in den

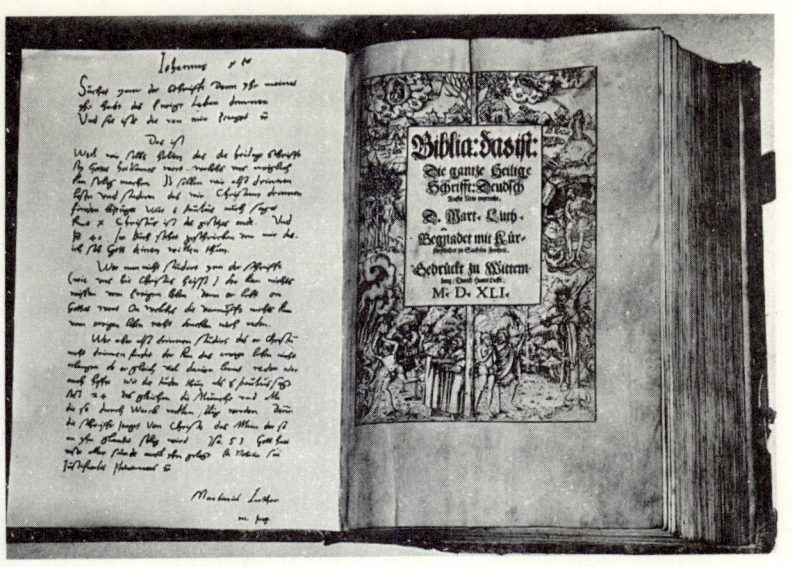

*Die Luther-Bibel von 1541, gedruckt von Hans Lufft in Wittenberg,
mit einem Autograph Martin Luthers.*

Niederlanden.[79] Sie wurden zu »Ketzern« innerhalb der protestantischen Kirchen, als diese sich herausbildeten. »Ketzer« wurden also nicht nur von der römisch-katholischen Kirche gemacht. »Ketzermacher«, um diesen von Gottfried Arnold geprägten Begriff zu verwenden,[80] gab es auch bei den Protestanten. Das Schicksal des Hans Denck ist dafür ein Beispiel.[81]

Zwischen Humanismus und Wiedertaufe

»Da ich anfing, Gott zu lieben, fiel ich in vieler Menschen Ungunst, und dasselbigen von Tag zu Tag je länger desto mehr«, sagt Hans Denck gegen Ende seines kurzen Lebensweges. Er wurde um 1500 in Heybach (Oberbayern) geboren und starb 1527 in Basel.

Als Luthers Thesenanschlag 1517 ganz Deutschland erregte, befand sich Denck als Student in Ingolstadt. Er lernte an der Universität das Geistesgut des Humanismus kennen und lieben. Nach dem Studium ging er als Lehrer ins Regensburgische und wurde dort von der reformatorischen Aufbruchstimmung ergriffen. Doch zu Luther und nach Wittenberg zog es ihn nicht. Er war und blieb vom Humanismus begeistert und lenkte deshalb seine Schritte nicht nach Wittenberg, sondern nach Basel. Denn dort lehrten die großen Humanisten Erasmus von Rotterdam (1466–1536) und Oecolampad (1482–1531), der später zum Reformator Basels werden sollte.[82]

Oecolampad, der starken Einfluß auf Hans Denck nehmen sollte, hatte nach einem Jurastudium im Bologna der Renaissance Theologie in Heidelberg und Tübingen studiert und war Prediger in Basel geworden. Wie Erasmus nahm er gegen die römische Kirche Stellung, aber im Unterschied zu ihm, der sich nie von ihr trennte, neigte Oecolampad dem rebellischen Luther zu. Als dieser im Jahr 1518 die Disputation mit Eck in Augsburg zu bestreiten hatte, stand Oecolampad ihm bei. Doch ein bedingungsloser »Lutheraner« ist er nie geworden. Er hatte auch für Zwingli Verständnis und verhalf dessen »reformierten« Anhängern in Basel zum Erfolg. Hans Denck erlebte als Schüler von Oecolampad noch die frühe, ungespaltene Reformation, und so wurde er von Oecolampad dem lutherisch gesinnten Rat der Stadt Nürnberg als Lehrer an die dortige Sebaldus-Schule empfohlen.

In Nürnberg aber empfand Hans Denck, daß er sich mit vielen reformatorischen Anschauungen nicht im Einklang befand. Zwar war und blieb er Protestant. Doch er lernte in Nürnberg auch Thomas Müntzer kennen, als dieser in der Freien Reichsstadt weilte. Obwohl er sich dessen revolutionärem Wollen nicht anschließen konnte, lernte er von ihm, daß man aus dem Evangelium auch anderes herausholen kann, als Oecolampad, Luther und Zwingli glaubten. Denck war ein stiller, in sich gekehrter Mensch, ein Mystiker, der im Spirituellen beheimatet war. Er ging ganz eigene Wege. Der individualistische Freiheitswille des Humanismus paarte sich bei ihm mit tiefer Frömmigkeit.

Durch sein intensives Bibelstudium kam er zu der Überzeugung, daß die Reformatoren nicht schriftgemäß handelten, wenn sie an der Kindertaufe festhielten, die ja aus den Evangelien nicht zu begründen ist. So nahm er Verbindung zu den Nürnberger »Wiedertäufern« auf, die der Auffassung waren, daß die Taufe und das mit ihr verbundene Bekenntnis zu Christus nur als Willensakt eines erwachsenen, bewußt lebenden Menschen zu vollziehen ist. Der Rat der Stadt Nürnberg ging gegen die »Taufgesinnten« vor und machte den »drei gottlosen Malern« aus der Behaim-Familie den Prozeß. In diesem Zusammenhang wurde dann auch der Schulmeister Hans Denck nicht mehr geduldet. Er wurde 1525 aus der Stadt gewiesen.

Nun begann für ihn ein ruheloses Flüchtlingsleben. In Augsburg unterzog er sich 1526 der Wiedertaufe durch Balthasar Hubmaier und zog nun von Ort zu Ort, weil er überall von den protestantischen Obrigkeiten nach kurzer Zeit davongejagt wurde. In einer seiner Schriften bekannte er von sich, daß »ich meinen Mund wider Willen muß auftun und ungern vor der Welt von Gott rede, welcher mich doch dringt, daß ich nicht schweigen mag, und allein in seinem Namen will ich fröhlich reden, wie schwer es mir immer sein mag«.[83] Schwer bedrückte ihn, daß er, der doch in vielen Dingen wie die Reformatoren dachte, gerade aus protestantischen Orten vertrieben wurde. Denn wesentlicher als die Frage der Wiedertaufe war für ihn die Forderung nach einem christlichen Leben des einzelnen. Und da sah er die Schwächen bei den oft engstirnigen und grobschlächtigen Anhängern des Wittenberger Reformators.

Er sagte ihnen: »Christus vermag niemand wahrlich zu erkennen, es sei denn, daß er ihm nachfolge mit dem Leben«;[84] oder er sprach von dem inneren Licht, das nicht aus eifrigem Bibelstudium hervorgeht, sondern dem Menschen noch bevorsteht, »wenn der Tag, das unendliche Licht, anbricht, wenn Christus in unseren Herzen aufgehet, dann erst ist die Finsternis des Unglaubens überwunden«.[85] Daß Denck der Erfülltheit mit dem inneren Licht Offenbarungswert beimaß und die Bibel nicht allein mit Gottes Wort gleichsetzte, machte ihn zum »Ketzer« im Altprotestantismus der Reformationszeit. »Es sind etliche Brüder, die meinen, sie haben das Evangelium ganz und gar ergründet, und wer nicht allenthalben auf ihre Rede ja sagt, der muß ein Ketzer über alle Ketzer sein.«[86] Als ein solcher »Ketzer«, der die ausschließliche Autorität der Bibel nicht anerkannte, trat er Ende 1526 auch in Straßburg auf. Dort mußte er sich einen Tag vor Heiligabend in einem Religionsgespräch vor dem einflußreichen elsässischen Reformator Martin Bucer (1491–1541) rechtfertigen und wurde am Weihnachtsfest aus der Stadt gewiesen.

So wanderte der Verstoßene über winterliche Straßen nach Basel, in der Hoffnung, dort leben zu dürfen. Sein früherer Lehrer und Freund Oecolampad war tolerant genug, dem »ketzerischen« Protestanten Aufnahme zu verschaffen. Zermürbt vom langen Umherirren starb Denck schon nach kurzer Zeit, wahrscheinlich während der Pestepidemie 1527 in Basel. Es ist Oecolampad hoch anzurechnen, daß er einem wehrlosen Andersdenkenden die »Freiheit eines Christenmenschen« gelassen hat.

*Täufer-Predigt, Ausschnitt aus einem Holzschnitt der Luther-Bibel,
gedruckt von Hans Lufft in Wittenberg 1534 – Nachdem Hans Denck
als Wiedertäufer aus Nürnberg vertrieben worden war, wanderte er
heimatlos von Ort zu Ort und wirkte als Wanderprediger.*

Gottfried Arnold
(1666–1714)

Im 8. Buch von »Wahrheit und Dichtung«, in dem Goethe von der Bedeutung berichtet, die Susanne von Klettenberg, die »schöne Seele«, für ihn hatte, schreibt er gegen Ende des Kapitels: »Einen großen Einfluß erfuhr ich dabei von einem wichtigen Buche, das mir in die Hände geriet, es war Arnolds ›Kirchen- und Ketzergeschichte‹. Dieser Mann ist nicht ein bloß reflektierender Historiker, sondern zugleich fromm und fühlend. Seine Gesinnungen stimmten sehr zu den meinigen, und was mich an seinem Werk besonders ergetzte, war, daß ich von manchen Ketzern, die man bisher als toll oder gottlos vorgestellt hatte, einen vorteilhaftern Begriff erhielt. Der Geist des Widerspruchs und die Lust zum Paradoxen steckt in uns allen. Ich studierte fleißig die verschiedenen Meinungen, und da ich oft genug hatte sagen hören, jeder Mensch habe am Ende doch seine eigene Religion, so kam mir nichts natürlicher vor, als daß ich mir auch meine eigene bilden könne...«[87]

Parteiisch-unparteiisch

Was Goethe hier über den »großen Einfluß« sagt, den Gottfried Arnolds »Unpartheyische Kirchen- und Ketzer-Historie« auf ihn hatte, ist in den Goethe-Biographien des 19. und 20. Jahrhunderts gar nicht oder zu wenig beachtet worden. Das liegt wohl auch daran, daß die dickleibigen, hohen Folianten der Originalausgabe Seltenheitswert besitzen und nur noch in alten Bibliotheken aufzufinden sind.[88] In ihnen zu lesen, ist heute schwierig, weil man die umständlich-barocke Sprache

*Bildnis Gottfried Arnolds, Titelbild der posthumen Ausgabe der »Kir-
chen- und Ketzer-Historie«, Schaffhausen 1740.*

des Autors und den Mangel an uns geläufiger Orthographie des Duden in Kauf nehmen muß. Tut man das aber, dann wird man gewahr, daß Arnolds Buch zu jenen wenigen Werken der wissenschaftlichen Literatur gehört, die Jahrhunderte überdauern konnten und dabei nichts von ihrer Aktualität verloren haben.

Arnold war der erste, der die gesamte Geschichte und Kirchengeschichte auch unter dem Aspekt der verfemten und ausgestoßenen »Ketzer« betrachtet hat.[89] Er wagte es, den Ketzern Gerechtigkeit widerfahren zu lassen, und schob jahrhundertealte Lehrmeinungen beiseite, stürzte die übliche Betrachtungsweise um, hielt Staat und Kirche ihr Versagen gegenüber Andersdenkenden vor und entwickelte eine Methode für historische Untersuchungen, die erst 150 Jahre nach seinem Tod allgemein üblich werden sollte.

Kein Wunder, daß Goethe sich von diesem Werk angezogen fühlte, aber auch kein Wunder, daß Arnolds Angriff auf die Denkschemata der herkömmlichen Theologie und Geschichtsschreibung Entsetzen und Empörung unter seinen Zeitgenossen auslöste. Die Herren Professoren erklärten übereinstimmend, der Verfasser der »Unpartheyischen Kirchen- und Ketzer-Historie« sei ein Verräter am wahren Glauben, seit Christi Geburt wäre »kein so schädliches Buch unter die Christen getreten«.

Was war so ärgerlich an Arnolds Leistung? Sie bestand in der Darstellung eines kontinuierlichen Abfalls der Kirche vom »wahren Christentum«. Mit Kaiser Konstantin d. Gr. beginnt für ihn schon der verhängnisvolle Weg, der das Christentum von seiner ursprünglichen Bestimmung wegführen sollte. Mit dem konstantinischen Zeitalter entartete die Kirche zu einem Instrument der Macht, und auch die Reformation Luthers, Zwinglis und Calvins hat nicht viel daran geändert. Die alte Geistigkeit der apostolischen Zeit wich aus ihr, und es waren im Mittelalter nur einzelne Denker, Heilige und eben auch die »Ketzer«, die ihr die Lebenskraft erhalten haben. Vielleicht waren die »Ketzer« in Wirklichkeit Heilige? Arnold meint:

»Mancher in der Welt verdammte Ketzer wird in der Herrlich-
keit mit allen ehemals verworfenen und getöteten Zeugen Gottes triumphieren, die hochangesehenen Ketzermeister werden
aber mit allen Tyrannen, Abgöttischen, Blutgierigen, Lügnern
und Totschlägern draußen sein müssen.«

Arnolds Werk erschien erstmals 1699 in Frankfurt am Main.
Für die zweite Auflage fand sich in Deutschland kein Verleger
mehr. Man fürchtete sich in den protestantischen Territorien
vor der Intoleranz der weltlichen Obrigkeiten und geistlichen
Konsistorien. In den katholischen Gebieten duldeten die bi-
schöflichen Offizialen den Druck eines so lästerlichen Werkes
ohnehin nicht. So wurde die »Unpartheyische Kirchen- und
Ketzer-Historie« 1740 posthum nur noch einmal aufgelegt,
von der schweizerischen Druckerei der Gebrüder Hurter in
Schaffhausen. Und dabei blieb es. Die Theologen der späteren
Zeit vergaßen Arnold. Zu offenkundig war seine Kirchenkritik, zu unwiderlegbar waren seine Quellennachweise. Schon
zu seinen Lebzeiten brachte ihm das Buch viel Anfeindungen
ein. Er wurde von seinen Gegnern als politischer Aufrührer bei
staatlichen Stellen verdächtigt: »Man hat mich in der Welt als
einen hominem nullius religionis, als den ärgsten Ketzer, ja als
Monstrum und Ungeheuer ausgeschrien, der in keiner Kirche
und Republik mehr zu dulden sei.«

Während Leibniz ihn noch strikt ablehnte, bekannten sich
Thomasius, Lessing, Herder und Goethe ausdrücklich zu ihm.
Als gläubiger Protestant, der die Verquickung von staatlicher
Macht und verweltlichter Kirche aufgedeckt hatte, mußte er
den Kirchenoberen – der »Klerisei«, wie er sie nannte – unlieb-
sam auffallen. Obendrein hatte er nicht nur die institutionalisierte Kirche angegriffen, er hatte gleich nach der »Kirchen-
und Ketzer-Historie« ein Buch veröffentlicht, das einem spirituellen, vergeistigten Christentum das Wort redete: »Das Geheimnis der Göttlichen Sophia oder Weisheit« (1700). Er
zeigte sich darin als Kenner der verborgenen Weisheit, die auch
in Jakob Böhme lebte und in der rosenkreuzerischen Strömung
ihren Niederschlag gefunden hat.[90]

Was er als heilige »Sophia« ansah, ahnt man, wenn man im 23. Kapitel dieses Buches liest: »Was aber nun dieses Hauptwerk der Weisheit eigentlich sei, läßt sich auch viel besser erfahren als beschreiben und mag nur hier so weit bezeichnet werden, als es Gott in der Seele entdeckt, außer und über welches sich's gebührt stumm zu sein.«

Zur »göttlichen Sophia« kann der Mensch nur gelangen, wenn er »seine alte Geburt und Natur« überwindet und ein »neuer, wiedergeborener Mensch« geworden ist, »worin sie als ein heller Glanz aufleuchtet und erscheinet«. Daher muß der Mensch zuvor die Reinigung von Gemüt und Seele vorgenommen haben und durch ein selbstauferlegtes, »empfindliches Läuterungsfeuer« gegangen sein. Er muß eine »neue Kreatur« angezogen haben und sich in geistiger »Geburtsarbeit« zu höheren Erkenntnissen befähigen wollen (16. Kapitel). Aber er warnt zugleich: »Wer die edle Gabe der Weisheit zum bloßen Spekulieren oder Wortgezänk suchet und nur seine Lust an vielem Wissen und dem darin gesuchten Ruhm vor Menschen hat, – der mag zwar wohl einen Haufen Meinungen, Bilder und Redensarten in den Hof einsammeln und sich damit bei Unerfahrenen bewunderungswürdig machen können, allein von der wahren Wiedergeburt bleibt er doch entfernt.« (19. Kapitel)

Er weiß jedoch, daß »nur ein Wiedergeborener« die »rechten Schätze der Weisheit« finden und gebrauchen kann, weil nur »der neue Mensch nach Austreibung der falschen Bilder und Götzen alle Dinge in ihrem ersten Wesen durch den Spiegel der reinen Natur beschauen und in ihr innerstes Wesen eindringen kann«. Durch »Imagination« könne man »vermittelst der ewigen Weisheit« dahin gelangen, daß die »allergeheimste Magia oder verborgen geistlich wirkende Kraft und Wirkung sich selbst offenbart... Also werden alle Werke Gottes eben in und mit dieser geheimsten Wirkung oder Magia wiederum eingesehen, erkannt und gefunden, wie sie an sich selbst sind.« Dahin sind alle zu ziehen, die »von der wahren, göttlichen Magia durch alle Zeiten her gelehret worden, als welche von der falschen, verdammlichen Magia unendlich unterschieden ist« (25. Kapitel).

116

Es mag verwundern, daß der kirchen- und gesellschaftskritische Arnold so eng mit dem geheimen Wissen seiner Zeit verbunden war. Aber er war eben nicht nur ein intellektueller Wissenschaftler, der akribisch Beweis um Beweis für seine These vom Verfall der veräußerlichten Kirche zusammentrug. Er hätte gerne »die beste und nötigste Kirchen-Historie« dargestellt, nämlich »die gründliche Beschreibung der wahren, unsichtbaren Kirche, die über allen Parteien verborgen und von ihnen verworfen ist«. Er war also der Auffassung, daß die eigentliche Geschichte der Kirche Christi nicht die Geschichte von theologischen Streitereien, Ketzerverfolgungen und Glaubenskriegen ist, sondern die Geschichte der geheimen Weisheit jenseits von Konfession und Theologie.

Es konnte nicht anders sein, als daß Arnold sich bei solchen Auffassungen regelrechten Verfolgungen ausgesetzt sah, denen er nur unter Lebensgefahr entkommen ist: ein Wahrheitssucher, ein Mystiker, ein »Ketzer«.

Gottfried Arnolds Leben

Als Sohn eines armen Schullehrers kam er am 5. September 1666 in Annaberg (Erzgebirge) zur Welt. Früh verwaist tat er in fremden Häusern niedere Dienste, sparte sich Geld zusammen, gab Unterricht in Lesen und Schreiben und konnte schließlich als Sechzehnjähriger in Gera auf das Gymnasium gehen (1682–1685). Dann studierte er an der Wittenberger Universität, wo er schon nach einem Jahr die Magisterwürde erwerben konnte. Er wollte Theologe werden.

Doch das doktrinäre »Theologengezänk« der Wittenberger Professoren stieß ihn ab. Um so intensiver befaßte er sich mit Geschichte, Philologie und Philosophie. Nach Abschluß des Studiums übernahm er eine Hauslehrerstelle in Dresden. Dort lebte seit 1686 der Oberhofprediger Philipp Spener (1635–1705), der Wegbereiter des Pietismus.[91] Er verhalf Arnold zu einem »Erweckungserlebnis« und zu einem tieferen

Verständnis des Evangeliums. So wurde er von »einem inwendigen, gewaltigen Trieb zum Gebet« erfaßt und suchte die »wahre Theologie, die da ist practica«. Das brachte ihn in Gegensatz zu dem frivolen, üppigen Lebensstil des sächsischen Hofes, dem die Familie seines Dienstherrn nacheiferte. Arnold, der aus seiner Meinung keinen Hehl machte, wude 1693 kurzerhand entlassen.

Aber auch Spener war in Ungnade gefallen, weil er die Trunksucht des Kurfürsten gerügt hatte und die Hofbälle, Jagdvergnügungen, »Haupt- und Staatsaktionen« am Theater. Er ging 1691 nach Berlin und konnte seinem Schüler und Freund Arnold eine Hauslehrerstelle bei dem Quedlinburger Stiftshauptmann v. Stammen beschaffen.

In Quedlinburg vertiefte Arnold sich in die Werke frühchristlicher Literatur und ließ 1696 sein erstes Buch erscheinen: »Wahre Abbildungen der ersten Christen«. Gestützt auf ein intensives Quellenstudium wollte er seinen Zeitgenossen den Geist des Urchristentums vor Augen führen, der nach seinem Verständnis nur von den Apostelgemeinden bis zu den älteren Kirchenvätern wirksam war.[92] Das Buch zeigte einen ungewohnten methodisch-historischen Ansatz, so daß die wissenschaftliche Umwelt aufhorchte.

Der Landgraf von Hessen-Darmstadt, immer auf die Rangerhöhung der erst 1607 gegründeten Universität Gießen bedacht, berief den Quedlinburger Privatlehrer 1697 als Professor für Allgemeine Geschichte an die Alma mater in der Stadt an der Lahn. Arnold wollte eigentlich den Ruf nicht annehmen, gab dann aber dem Drängen seiner Freunde nach.

In Gießen empfand er bald einen solchen Ekel vor dem Dünkel, den Intrigen, dem ewigen Disputieren und der Geltungssucht seiner akademischen Kollegen, daß er ihr »saftloses Geschwätz« kaum ertragen konnte. Er gelangte zu der Auffassung, daß von den Universitäten »nimmermehr etwas Heilsames« zu erwarten sei.

Schon nach einjähriger Tätigkeit legte er deshalb seine Professur nieder. Damit erregte er Empörung in der ganzen akademischen Welt Deutschlands. Seinen Abschied von der Universität begründete er in einem »Öffentlichen Bekenntnis«, in dem er ausführte, warum er mit »dem hochtrabenden, ruhmsüchtigen Vernunftwesen des akademischen Lebens« nichts mehr zu tun haben wolle. Einer Seele könne »kein größeres Hammerspiel vor Augen geführt werden, als wenn sie die allgemeinen Hohen Schulen betrachtet«. Das war ein Affront gegen die Honoratioren und das ganze Bildungsbürgertum. Es rächte sich, indem Arnold bedroht und diffamiert wurde. Er mußte um sein Leben bangen und ging 1698 nach Quedlinburg zurück.

Hier vollendete er die »Unpartheyische Kirchen- und Ketzer-Historie«, wobei man nicht weiß, was man mehr bewundern soll, den Umfang eines stupenden Wissens oder den Mut und die Wahrheitsliebe ihres Verfassers. Arnold muß ein eminent gutes Gedächtnis und Erinnerungsvermögen besessen haben, sonst hätte er das voluminöse Werk nicht in kurzer Zeit quellenmäßig erarbeiten und niederschreiben können.[93] Was seine »Ketzergeschichte« aber bis heute noch für den Historiker wichtig macht, ist die Tatsache, daß er noch Quellentexte wiedergeben konnte, die inzwischen »verschwunden« sind.

Hervorragend ist die Einleitung zu dem gesamten Ketzerthema. Er legt gleich einen ganzen Katalog von Fragen vor: Ob nicht die »Ketzermacher« zu wenig verläßliche Kunde eingezogen haben und etwa nur aufgrund »Geschreis« und Verleumdung ihr Urteil sprachen? Ob Menschen nicht als »Ketzer« verdammt wurden, bloß weil man sie nicht »recht verstanden« hat? Ob es nicht seltsam sei, daß »in den Ketzerregistern so gar wenig oder keine großen Herren, Bischöfe, Prälaten und Superintendenten vorkommen«? Und: »Ob es nicht die Historie und die täglichen Erfahrungen bezeugen, daß sich Meinungen und Redensarten, welche von der zank- und herrschsüchtigen Klerisei oftmals vorgeworfen, nach der Zeit ungehindert und frei passiert, hingegen andere, welche sie zuvor zulässig gehalten, hernach bis in die unterste Hölle verdammt und verketzert sind?«

Mit Dutzenden von ähnlichen Fragen füllt Arnold viele Seiten, bevor er mit seinem eigentlichen Text beginnt. Das könnte eine barocke Umständlichkeit sein, ist es aber nicht. Es ist vielmehr die Darstellung seiner historischen Methode, es ist die fragende Historiographie. Arnold hat zum ersten Mal angewandt, was später zur Methode der Geschichtswissenschaft überhaupt wurde: anerkannte Lehrmeinungen nicht unkritisch übernehmen, Althergebrachtes beiseiteschieben, Überliefertes erneut durchdenken.

Vor Arnold hatten die protestantischen Theologen meist nur unreflektiert die Verdammungsurteile der alten Kirche übernommen. Die »Ketzer« der mittelalterlichen Papstkirche waren auch »Ketzer« für die Protestanten. Nun kam Arnold und nahm sie in Schutz. Er bewies anhand von Quellen, daß die Verdammten und Hingerichteten oft christlicher gedacht und gehandelt haben als die Vertreter der Kirche. Weil sie das nie bedacht hatten, waren die lutherischen Professoren verärgert. Sie fühlten sich in ihrer Ehre gekränkt; hatten sie doch immer nur nachgeredet, was die Papstkirche den »Ketzern« vorgeworfen hatte. Wieder stand Arnold im Rampenlicht von Quertreibereien. Die Pastoren Quedlinburgs schlossen sich gegen ihn zusammen und führten heftige Klagen beim Kurfürsten von Brandenburg (und späteren König Friedrich I. von Preußen) über die gefährlichen Umtriebe des »rebellischen Subjekts Gottfried Arnold«. Eine Untersuchungskommission wurde gebildet. Aber Arnold ließ sich nicht beirren. Er schrieb zwei weitere Bücher: »Leben der Altväter« (1700) und »Leben der Gläubigen« (1701). Auch arbeitete er Ruysbroeks (gest. 1381) Werke durch und veröffentlichte sie 1700 unter dem Titel »Geistliche Schriften«. Dann entdeckte er Angelus Silesius (1626–1677) wieder und gab 1701 den »Cherubinischen Wandersmann« neu heraus, der bei seinem ersten Erscheinen so gut wie keine Resonanz gefunden hatte. Hierbei zeigte sich wieder einmal Arnolds »unpartheyische« Haltung; denn es war ja bekannt, daß der Dichter des »Wandersmannes« ein Konvertit, also Katholik, gewesen ist.

Titelseite von Gottfried Arnolds »Unpartheyische Kirchen- und Ket-
zer-Historie«, Frankfurt am Main 1729.

Zu gleicher Zeit vergrub der von allen Seiten angefeindete Arnold sich in die mystischen Schriften des Görlitzer Schumachers Jakob Böhme und ließ 1700 »Das Geheimnis der Göttlichen Sophia« erscheinen. Mit diesem Buch setzte er sich wiederum großen Mißverständnissen und Attacken aus. Sollte so etwas der Verfasser der »Kirchen- und Ketzer-Historie« geschrieben haben, der überaus textkritisch gegen die »Klerisei« zu Felde gezogen war? Und jetzt las man: »Vor allen Dingen wisse und glaube, o Mensch, daß diese edle Sophia nicht ferne von dir, sondern fast näher als du dir selber bist ...« Die Logoslehre, die Inkarnation des Christus und das Geistverständnis der östlichen Christenheit sind in dieser Arbeit Arnolds enthalten. Wie kein anderer hat er damals die geistesgeschichtlichen Hintergründe erkannt, die den Differenzen zwischen der östlichen Christenheit und der Papstkirche zugrunde lagen.

Vom Professor zum Hofprediger und Gemeindepfarrer

Er war jetzt aber auch bereit, ein geistliches Amt zu übernehmen. Die Herzoginwitwe von Sachsen-Eisenach rief ihn als Hofprediger zu sich nach Altstedt. Nach fünf Jahren griff jedoch König Friedrich I. in sein Leben ein. Er wollte Arnold als Hofgeschichtsschreiber nach Berlin holen. Aber den Verfasser der »Kirchen- und Ketzer-Historie« zog es nicht an den Königshof. Er bat Friedrich, ihm die Stelle eines einfachen Gemeindepfarrers zu geben, und er erhielt sie: in Werben in der Altmark. Kaum zwei Jahre war er dort, da bat die Stadt Perleberg 1707 den König »inständig«, Arnold als Pastor und Inspektor bekommen zu können. Der König willigte ein. Arnold zog nach Perleberg.

Doch die Gegner des Mannes, der auf alle akademischen Würden verzichtet hatte und ein offenkundiger Feind der »Schultheologie« war, gaben keine Ruhe. Sie ereiferten sich darüber, daß der Verfasser der »Göttlichen Sophia« eine »irdische Frauensperson« geheiratet hatte, auch verstanden sie nicht, daß er, der so viel Negatives über die »Klerisei« geschrieben hatte, in seinem Predigeramt freudig tätig sein konnte. Arnold mußte vor dem Ministerium zu der dauernden Kritik seiner Gegner Stellung nehmen. Er schrieb, nur wer von allen »Vorurteilen und selbstgemachten sektiererischen Meinungen« frei ist, weiß, daß Gott die Menschen, »wenn er sie auf der einen Seite treu befunden, hernach auf eine andere Seite und einen ganz anderen Weg in äußeren Dingen führet und ihnen sozusagen eine konträre Lektion, wie einst dem Abraham, vorleget«.

Arnold wurde von seiner Perleberger Gemeinde geachtet und geliebt. Doch 1713 wurde er von einer »skorbutischen Krankheit« befallen, von der er sich nur mühsam erholte. Im darauffolgenden Jahr sollte dann ein eigenartiges Geschehen von zeitgeschichtlicher Bedeutung sein Leben beenden. Der Sohn Friedrichs I. hatte den Thron bestiegen und sollte als »Soldatenkönig« Friedrich Wilhelm I. (1713–1740) den preußischen Staat militarisieren und zu dem machen, was er dann lange Zeit blieb: ein armes Land mit einem Riesenheer.

Die »Werber« für die Söldnerarmee des Königs kamen auch nach Perleberg, um junge Männer zum Militärdienst zu nötigen. Weil sie wenig Erfolg hatten, drangen sie am Pfingstsonntag 1714 in den Gottesdienst ein und rissen mehrere junge Leute von der Abendmahlsbank weg, um sie zur Einschreibung in die Armeeliste zu zwingen. Der herzkranke Arnold erregte sich darüber so sehr, daß er zusammenbrach und nicht wieder zu Kräften kam. Am 30. Mai 1714 ist er gestorben.

Anmerkungen

1 Im Vertrag von Verdun (843) teilten sich die drei Söhne Ludwigs des Frommen, Karls d. Gr. Nachfolger, das Karolingerreich. Lothar erhielt die Kaiserkrone mit Italien sowie nördlich der Alpen ein Gebiet, das von Friesland bis zur Küste der Provence reichte; Ludwig der Deutsche nahm die Osthälfte, Karl II., der Kahle, die Westhälfte von Karls d. Gr. Reich in Besitz. Als Lothar I. und auch dessen Sohn Lothar II. gestorben waren, wurde deren Gebiet im Vertrag von Mersen (870) zwischen Karl dem Kahlen und Ludwig dem Deutschen aufgeteilt (Ostfranken und Westfranken).

2 vgl. R. Riemeck, *Glaube, Dogma, Macht – Geschichte der Konzilien*, Stuttgart 1985, S. 85 ff.

3 Zu Gottschalk: M. Müller (Hrsg.), *Gestalten und Kräfte evangelischer Kirchengeschichte*, Stuttgart 1941; Hubert Jedin (Hrsg.), *Handbuch der Kirchengeschichte* III,1, Freiburg-Basel-Wien 1966; G. Haendler (Hrsg.), *Die lateinische Kirche im Zeitalter der Karolinger*, Berlin (DDR) 1985.

4 R. Kottje und H. Zimmermann (Hrsg.), *Hrabanus Maurus, Lehrer, Abt und Bischof*, Wiesbaden 1982.

5 R. Steiner, *Das Geheimnis der Trinität*, 3. Vortrag vom 29. Juli 1922, GA 214.

6 R. Steiner, ibd.

7 vgl. G. Haendler (Hrsg.), *Die lateinische Kirche*, a. a. O., S. 106.

8 R. Steiner, *Die spirituellen Hintergründe der äußeren Welt*, 7. Vortrag vom 12. Oktober 1917, GA 177.

9 in: *Monumenta Germaniae historica (MGG)*, Poetae III, hrsg. von L. Traube.

10 F. Brunhölzl, *Geschichte der lateinischen Literatur des Mittelalters I*, München 1975, S. 363.

11 D. C. Lambot, *Oeuvres théologiques et grammaticales de Godescale di Orbais*, Louvain 1945.

12 Th. Christlieb, *Leben und Lehre des Johannes Scotus Erigena*, Gotha 1860; H. Dörries, *Zur Geschichte der Mystik, Erigena und der Neuplatonismus*, Tübingen 1925; H. Kutter, *Not und Gewißheit*, Basel 1927.

13 vgl. zu dieser Auffassung Eriugenas auch Rudolf Steiner in dem genannten Vortrag vom 29. Juli 1922, GA 214.

14 R. Riemeck, *Glaube, Dogma, Macht,* a. a. O., S. 64ff.

15 Über Ratramnus R. Steiner in dem in Anm. 5 genannten Vortrag (und dazu auch »Hinweis« Nr. 50, 199).

16 Über Gottfried Arnold siehe Kapitel 12 dieses Buches.

17 R. Steiner, *Frühere Einweihung und esoterisches Christentum,* Vortrag vom 17. März 1907, GA 97.

18 R. Steiner, *Die Rätsel der Philosophie,* Dornach [8]1968, GA 18, S. 88.

19 A. Hausrath, *Arnold von Brescia,* Leipzig 1891; K. Hampe, *Zur Geschichte Arnolds von Brescia,* in: Historische Zeitschrift 130 (1924); R. Riemeck, *Glaube, Dogma, Macht,* a. a. O., S. 120ff.

20 A. Hausrath, *Arnold von Brescia,* a. a. O., S. 16.

21 R. Riemeck, *Glaube, Dogma, Macht,* a. a. O., S. 120f.

22 vgl. C. Baeumker, *Der Platonismus im Mittelalter,* München 1916; über Hugo von St. Viktor: K. Heussi, *Kompendium der Kirchengeschichte,* Berlin (DDR) [11]1965, S. 208.

23 A. Hausrath, *Peter Abälard,* Leipzig 1893; *Briefwechsel zwischen Abaelard und Heloise,* hrsg. von P. Baumgärtner, Leipzig 1931.

24 W. von den Steinen, *Bernhard von Clairvaux – Leben und Briefe,* Breslau 1926; C. Stange, *Bernhard von Clairvaux* (Studien der Lutherakademie, N. F. 3), Berlin 1954.

25 R. Steiner, *Erdensterben und Weltenleben,* Vortrag v. 16. Juli 1918, GA 181.

26 J. v. Döllinger, *Beiträge zur Sektengeschichte des Mittelalters,* 2 Bde., München 1890; Otto Rahn, *Kreuzzug gegen den Gral,* Freiburg 1933; H. Grundmann, *Religiöse Bewegungen im Mittelalter,* Berlin 1935; A. Borst, *Die Katharer,* Stuttgart 1953; ders., *Neue Funde und Forschungen zur Geschichte der Katharer,* in: Historische Zeitschrift 174 (1952).

27 K. Heussi, *Kompendium der Kirchengeschichte,* a. a. O., S. 22f.

28 R. Kutzli, *Die Bogumilen,* Stuttgart 1977.

29 R. Steiner, *Die neue Geistigkeit und das Christuserlebnis des 20. Jahrhunderts,* 6. Vortrag vom 30. Oktober 1920, GA 200.

30 R. Steiner, *Erdensterben und Weltenleben,* 19. Vortrag vom 23. Juli 1918, GA 181.

31 H. Tillmann, *Papst Innozenz III.,* Bonn 1954; s. auch K. Heussi, *Kompendium der Kirchengeschichte,* a. a. O., S. 215ff.; R. Riemeck, *Glaube, Dogma, Macht,* a. a. O., S. 137ff.

32 G. Tourn, *Die Waldenser-Kirche* (deutsche Übersetzung aus dem Italienischen), Erlangen 1980; W. Erck (Hrsg.), *Waldenser, Geschichte und Gegenwart,* Frankfurt/M. 1971; A. Patschowsky und K. v. Selge, *Quellen zur Geschichte der Waldenser,* in: Texte zur Kirchen- und Theologiegeschichte 18 (1973); T. Vinay, *Die Waldenser,* in: Die Wahrheit der Ketzer, hrsg. v. J. Schultz, 1968.

33 J. Desel und W. Monck, *Hugenotten und Waldenser in Hessen-Nassau,* Ev. Presseverband Kurhessen-Waldeck (Heft 5), o. J.

34 R. Riemeck, Öschelbronn – umgeben von großer Geschichte, Basel 1975.
35 G. Tourn, Die Waldenser-Kirche, a.a.O., S. 24.
36 ibd., S. 31.
37 H. Tillmann, Papst Innozenz III., a.a.O; siehe auch R. Riemeck, Glaube, Dogma, Macht, a.a.O., S. 137ff.; E. Winter, Ketzerschicksale, Berlin (DDR) 1979.
38 H. Grundmann, Neue Forschungen über Joachim von Fiore, Marburg 1950; B. Töpfer, Das kommende Reich des Friedens. Zur Entwicklung chiliastischer Zukunftshoffnungen im Hochmittelalter, Berlin 1964; G. Wendelborn, Gott und Geschichte. Joachim von Fiore und die Hoffnung der Christenheit, Leipzig 1974.
39 E. Benz, Ecclesia spiritualis. Kirchen- und Geschichtstheologie der franziskanischen Reformation, Stuttgart 1934.
40 G. Wendelborn, Franziskus von Assisi, Leipzig 1977; L. Cassutt, Die älteste franziskanische Lebensform, 1955.
41 »La Nobla Levczon«, zitiert nach G. Tourn, Die Waldenser-Kirche, Erlangen 1980, S. 66.
42 ibd., S. 46.
43 E. Winter, Ketzerschicksale, a.a.O., S. 38ff.
44 E. Winter, Frühhumanismus. Seine Entwicklung in Böhmen, Berlin (DDR) 1969.
45 Von dort muß er bis nach Polen hinein bekannt geworden sein. Es gibt eine polnische Studie über Waldhauser (St. Bylina, Wplywy K. Waldhauser, 1966), die E. Winter, Ketzerschicksale, a.a.O., benutzen konnte.
46 R. Ričan, Das Reich Gottes in den böhmischen Ländern. Geschichte des tschechischen Protestantismus, Stuttgart 1957, S. 23; E. Winter, Ketzerschicksale, a.a.O., S. 39ff.
47 V. Herold und M. Mráz, Johannis Milicii de Cremsir Tres Sermones synodales, Pragae 1974.
48 vgl. R. Riemeck, Glaube, Dogma, Macht, a.a.O, S. 199.
49 Passauer Anonymus, in: Patschowsky und Selge (Hrsg.), Quellen zur Geschichte der Waldenser, 1973, S. 74.
50 vgl. C. Loos, Geert Groote, in: Die Christengemeinschaft 5 (1984).
51 M. Kaňak, Der Ketzer von Oxford, dt. Übersetzung Berlin (DDR) 1977; K. B. Mc. Farlane, John Wycliffe and the Beginnings of English Nonconformity, London 1952; H. B. Workmann, John Wyclif, 2 Bde., 1926; R. Buddensieg, Johann Wiclif und seine Zeit, Gotha 1885.
52 vgl. hierzu R. Steiner, Die Rätsel der Philosophie in ihrer Geschichte als Umriß dargestellt, Dornach [8]1968, GA 18.
53 ibd., S. 97.
54 J. Loserth, Die ältesten Streitschriften Wiclifs, in: Sitzungsberichte der Wiener Akademie, Bd. 160 (1908).
55 hrsg. von R. L. Poole, 1885.

56 hrsg. von dems., 1890.

57 hrsg. von J. Loserth, 1886.

58 hrsg. von J. Loserth, 1909.

59 hrsg. von J. Loserth, 1892.

60 R. Riemeck, *Glaube, Dogma, Macht,* a. a. O., S. 147ff.

61 M. Luther, *Wider die mörderischen und räuberischen Rotten der Bauern,* 1525.

62 John Wiclif, *Of Servants and Lords,* hrsg. von F. D. Matthew, in: The English works of Wyclif XV, 1880, und *Tractatus de blasphemia,* hrsg. von M. H. Dziewicki, 1893.

63 John Wiclif, *Dialogus sive speculum Ecclesiae militans,* hrsg. von Pollard, 1886.

64 John Wiclif, *Trialogus cum supplemento Trialogi,* hrsg. von G. Lechler, 1869.

65 J. Dachsel, *Jan Hus, Leben und Briefe des tschechischen Reformators,* Berlin 1964; R. Riemeck, *Jan Hus – Reformation 100 Jahre vor Luther,* Basel ²1982; A. Molnar, *Johannes Hus, der Wahrheitsverteidiger,* Berlin 1961; R. Ričan,. *Das Reich Gottes in den böhmischen Ländern,* Stuttgart 1957; M. Vischer, *Jan Hus – Aufruhr wider Papst und Reich,* Frankfurt/M. 1955; J. Loserth, *Hus und Wiclif,* München ²1925; L. K. Krummel, *Geschichte der böhmischen Reformation im 15. Jahrhundert,* Gotha 1866; Ch. Bender, *Johannes Huß, der Vorbote der Kirchenverbesserung oder der Tod für die Wahrheit,* 1839.

66 R. Steiner, *Geschichtliche Symptomatologie,* 1. Vortrag vom 18. Oktober 1918, GA 185.

67 Girolamo Savonarola (1452–1498), Dominikanermönch in Florenz, wurde von Papst Alexander VI. aus der Familie der Borgia (1492–1503) in den Bann getan, von der Inquisition als Ketzer befunden und hingerichtet.

68 R. Steiner, *Die Rätsel der Philosophie,* a. a. O.

69 R. Steiner, *Geschichtliche Symptomatologie,* 1. Vortrag vom 18. Oktober 1918, GA 185.

70 Alexander V., Gregor XII., Johannes (XXIII.)

71 Wenzel von Böhmen, Jobst von Mähren, Ruprecht von der Pfalz und Sigismund von Ungarn erhoben 1410 Anspruch auf die deutsche (bzw. »römische«) Königskrone.

72 Aus der Fülle der Luther-Biographien seien nur genannt: H. Böhmer, *Der junge Luther,* Leipzig ³1940; H. Wendorf, *Martin Luther, der Aufbau seiner Persönlichkeit,* Leipzig 1930; R. Thiel, *Luther,* 2 Bde., Wien-Berlin-Stuttgart 1933–1935; H. Lilje, *Luther, Anbruch und Krise der Neuzeit,* Nürnberg ³1952; *Luther, ausgewählte Schriften,* hrsg. von H. Gollwitzer, Frankfurt/M. 1955; H. Bornkamm, *Luther im Spiegel der deutschen Geistesgeschichte,* Heidelberg 1955.

73 vgl. R. Steiner, *Das Karma des Materialismus*, 7. und 8. Vortrag vom 11. und 18. September 1917, GA 176; auch *Der Sturz der Geister der Finsternis*, Vortrag vom 8. Oktober 1917, GA 177.

74 Die beiden anderen heißen: *An den christlichen Adel deutscher Nation* und *Von der babylonischen Gefangenschaft der Kirche*, sie sind in vielen Einzelausgaben erschienen.

75 H. Barge, *Andreas Bodenstein von Karlstadt*, 2 Bde., Leipzig 1905.

76 H. Meusel, *Thomas Müntzer und seine Zeit*, 1952; G. Wehr, *Thomas Müntzer in Selbstzeugnissen und Dokumenten*, Hamburg 1972; E. Bloch, *Thomas Münzer als Theologe der Revolution*, München-Berlin 1921.

77 W. Köhler, *Huldrych Zwingli*, neu hrsg. von E. Koch, Stuttgart 1973.

78 C. Sachse, *Balthasar Hubmaier als Theologe*, 1914.

79 Quellen zur Geschichte des Täufertums bei K. Heussi, *Kompendium der Kirchengeschichte*, a.a. O., S. 333.

80 Gottfried Arnold, *Unpartheyische Kirchen- und Ketzer-Historie*, Frankfurt 1699.

81 Hans Denck, *Schriften*, 3 Bde., Gütersloh 1955 f. (Biographie von W. Fehlmann in Bd. 2); A. Coutts, *Hans Denck*, Edinburgh 1927; A. M. Schwindt, *Hans Denck*, Schlüchtern 1924; L. Keller, *Ein Apostel der Wiedertäufer*, Leipzig 1882; Schwindt (Hrsg.), *Hans Denck, ein Vorkämpfer für undogmatisches Christentum*, o. J.

82 vgl. *Das Buch der Basler Reformation*, Basel 1929.

83 Schwindt (Hrsg.), *Hans Denck, ein Vorkämpfer*, a.a. O., S. 33.

84 bei W. Wiswedel, *Bilder und Führergestalten aus dem Täufertum*, 3 Bde., Kassel 1928–1952, S. 148.

85 Schwindt (Hrsg.), *Hans Denck, ein Vorkämpfer*, a.a. O., S. 31.

86 ibd., S. 33.

87 *Goethes Werke*, Hamburger Ausgabe, Bd. 9, München ⁹1981, S. 350.

88 Gottfried Arnold, *Unpartheyische Kirchen- und Ketzer-Historie*, Frankfurt 1699, Schaffhausen ²1740, gekürzte Neuausgabe hrsg. von R. Riemeck, Leipzig 1975; Auszüge bei E. Seeberg, in: *Gottfried Arnold in Auszügen herausgegeben*, 1934, S. 38 ff.

89 Zur Literatur über Arnold: E. Seeberg, *Gottfried Arnold, die Wissenschaft und Mystik seiner Zeit*, Meerane 1923; W. von Schroeder, *Gottfried Arnold*, 1917; F. Dibelius, *Gottfried Arnold*, Berlin 1873; K. Ehmann, *G. Arnolds sämtliche geistliche Lieder*, 1856. Die Zitate dieses Kapitels entstammen Gottfried Arnolds *Unpartheyischer Kirchen- und Ketzer-Historie*, Frankfurt 1699.

90 G. Wehr, *Rosenkreuzerische Manifeste*, 1980.

91 P. Grünberg, *Philipp Jakob Spener*, 3 Bde., Göttingen 1893–1906; K. Aland, *Spener-Studien*, in: Arbeiten zur Kirchengeschichte 28 (1943).

92 Über diese Zeit vgl. R. Spörri, *Vom Untergang des urchristlichen Geistes*, Basel 1943.

93 Seine »Kirchen- und Ketzer-Historie« verteidigte er auch in: »Erklärung vom gemeinen Sektenwesen...«, 1700; bei E. Seeberg, *Gottfried Arnold*, a. a. O., S. 133 ff.